Leszek Kolakowski

Der Himmelsschlüssel

Leszek Kolakowski

Der Himmelsschlüssel

Erbauliche Geschichten

Patmos

Die vorliegende Ausgabe enthält einen in der polnischen Erstausgabe von 1964 nicht abgedruckten Text: »Lots Frau oder Der Zauber der Vergangenheit«. Der Text erscheint erstmals auf Deutsch.

Titel der polnischen Ausgabe:
Klucz niebieski albo opowieści biblijne zebrane ku pouczeniu i przestrodze
Prószyński i S-ka, Warschau, o. J.

Bibliografische Information der Deutschen Nationalbibliothek

Die Deutsche Nationalbibliothek verzeichnet diese Publikation in der Deutschen Nationalbibliografie;
detaillierte bibliografische Daten sind im Internet über http://dnb.d-nb.de abrufbar.

Reihenkonzept und Einbandgestaltung:
Gudrun Pawelke, Büro für Ausdrucksfindung
Printed in Germany
ISBN 978-3-491-71308-6
www.patmos.de

Inhalt

Der Himmelsschlüssel oder Erbauliche Geschichten nach der Heiligen Schrift zur Belehrung und Warnung

Gott

oder Der Widerspruch zwischen den Motiven und Folgen menschlicher Handlungen

Gott schuf die Welt zu seinem Ruhm. Das steht außer Zweifel und ist übrigens auch ganz begreiflich. Eine Größe, die niemand sehen kann, muss sich in der Tat unbehaglich fühlen. Man verspürt unter solchen Umständen eigentlich gar keine Lust, groß zu sein. Die Größe ist vergeblich, sie dient zu nichts. Es lohnt sich nicht, in einer endgültigen, ewigen Einsamkeit groß zu sein. In völliger Einsamkeit ziehen wir es eher vor, zu sündigen und ungestört allen unseren Gelüsten nachzugehen – aber Sünde gibt es dann ja auch nicht. Denn worin sollte die Sünde eines absolut und hoffnungslos isolierten Einzelwesens bestehen? Es folgt daraus: Der Unterschied zwischen einem Sünder und einem Heiligen, wenn beide jeweils allein auf der Welt sind, ist gleich null.

Heiligkeit und Größe sind nur in einer Umwelt möglich – menschliche Heiligkeit mag es noch im Hinblick auf Gott geben, aber Heiligkeit eines einsamen Gottes? Daher hätte der kleinste Anflug von Eitelkeit – und wer besäße ihn nicht? – genügt, um in Gott den Wunsch zu erwecken, die Welt zu erschaffen.

Er schuf sie denn auch, so gut er konnte, und erst dann wurde er groß. Denn nun hatte er jemanden, der ihn bewunderte, mit dem er sich – sehr zu seinem Vorteil! – vergleichen konnte. Wundern wir uns nicht: Die Einsamkeit ist eine grausame Erfindung und eine Situation, die mehr zur Hölle passt als zu jenem Ort, an dem Gott sich vor der Erschaffung der Welt befand – einem Ort, der uns zwar nicht genau bekannt ist, der aber allgemein für äußerst angenehm gehalten wird. Es fällt uns übrigens schwer, uns eine solche Einsamkeit vorzustellen, wenn wir bedenken, dass die menschliche Einsamkeit als Einsamkeit immer in Bezug zu etwas steht, das es einmal gab: der Verlust einer Wirklichkeit, die vorher da und bekannt war. Die Einsamkeit Gottes vor der Erschaffung der Welt verfügte nicht einmal über eine Erinnerung, konnte also auch keinen Trost in der Vorstellung, im Geist, selbst nicht im Gefühl der Vereinsamung finden, das ja eines Bewusstseins des eigenen Gegensatzes zur Welt bedarf. Wenn die Welt nicht existiert und niemals existierte, dann gibt es auch diesen Gegensatz nicht, es gibt keine Einsamkeit, weil es nichts gibt im Verhältnis, zu dem man einsam ist. Wenn wir die Sache so betrachten, können wir Gott eigentlich keinen Vorwurf daraus machen, dass er die Welt erschaffen hat. Es war für ihn die einzige Möglichkeit, sich aus der verdammten Leere zu retten, in der er sich befand.

Aber denken wir daran – es ging nicht nur um die Einsamkeit, es ging auch um die Befriedigung der Ruhmsucht. Ruhmsucht steht bei dem gebildeten Publikum in keinem guten Ruf, und es gilt als unfein, sie besonders deutlich zum Ausdruck zu bringen. Aber solches geschah. Gott schuf die Welt zu seinem Ruhm, und er beeilte sich, den Menschen seine Motive zu offenbaren. Den Mangel an Bescheidenheit kompensierte er mit einer anerkennenswerten Ehrlichkeit.

Nun, man könnte sagen: Gottes Motive seien nicht gerade lobenswert und die Ergebnisse seiner Arbeit kaum sonderlich ermutigend. Ich bin nicht dieser Meinung. Zwar will ich nicht behaupten, die so geschaffene Welt sei ein besonders geglücktes Werk, wie auch die Meinung, sie sei von einem absolut klugen und allmächtigen Wesen erschaffen, auf jeden Fall stark übertrieben ist, aber dennoch wage ich zu behaupten, dass sie selbst so, wie sie ist, ein gewisses Zeichen von Größe, ja, ich zögere nicht zu sagen, von Genialität offenbart. Sie ist – ähnlich wie viele menschliche Werke – chaotisch, entbehrt einer Leitidee, trägt zweifellos kitschige Züge, die misslungen und geschmacklos sind, der Umgang mit ihr ist häufig alles andere als angenehm. Und dennoch, wiederhole ich, ist sie ein gewaltiges, imponierendes Werk. Es gibt viele Beweise dafür, und ich bin bereit, sie zur gegebenen Zeit zu liefern. Tatsache ist jedoch auch, dass sich die Welt in gewissem Rahmen verbessern ließe – was für ihre Beurteilung der wichtigste Punkt ist – und dass man bei größter Anstrengung einer riesigen Menge von Menschen winzige Veränderungen zum Besseren an ihr vornehmen könnte. Die Geschichte liefert gewisse Beweise, die sich für eine solche Auffassung ins Feld führen ließen.

Und die Moral daraus? Sie ist erschreckend banal: Man kann manchmal aus niedrigen Motiven handelnd zu wertvollen Resultaten gelangen.

Kann es auch umgekehrt sein? Allerdings. Davon zeugt folgende Geschichte über die Beziehungen zwischen Gott und dem Volk Israel.

Das Volk Israel

oder Die Folgen der Uneigennützigkeit

Nachdem Gott mehrmals seine besondere Liebe zum Volk Israel bekundet hatte, erklärte er zu einem gewissen Zeitpunkt ungefähr Folgendes:

Ich habe mich nicht deswegen gerade mit euch verbunden und nicht mit jemand anderem, weil ihr zahlreicher seid als die übrigen Völker – im Gegenteil, ihr seid, wie allgemein bekannt, zahlenmäßig am schwächsten. Ich habe mich mit euch verbunden, weil ihr mir gefallt.

Das ist klar und die einzig vernünftige Art, die Sache darzustellen. Liebe bedarf keiner Begründung. Manchmal versucht man, sie zu rationalisieren, man sagt, man liebe jemanden, weil er so und nicht anders sei, weil man das oder jenes an ihm achte, weil er diese oder jene Eigenschaft besitze usw. Das sind meist ungeschickte und außerdem unnötige Rechtfertigungen. Echte Neigung muss man nicht erklären, es genügt, sie festzustellen; etwas gefällt ohne Grund, ohne Veranlassung, zwecklos. Gott hat meiner Meinung nach ehrlich gehandelt, als er das seinem Volk erklärte. Mehr noch: Dadurch, dass er ihm seine selbstlose Liebe und den Willen, die durch nichts verdiente Sorge für sein Volk zu übernehmen, offenbarte, hat er seinem Volk gegenüber eine gewisse Verpflichtung übernommen. In diesem Ausspruch bewies Gott – wir geben zu, dass dies nur selten der Fall war – die große Tugend der Uneigennützigkeit.

Und was half das?, werdet ihr fragen.

Das ist es eben: Was half das?!

Seine Erklärung erfolgte zwar schon nach der Befreiung aus Ägypten, aber vor
dem Römischen Reich,
der Spanischen Inquisition,
dem Dreyfus-Tribunal
dem Dritten Reich
und einigen anderen Erscheinungen ähnlicher Natur.

Wenn wir die Sache nämlich nüchtern betrachten, so fällt unschwer auf, dass diese völlig selbstlose Liebe und dieser Hinweis auf die besondere Sorge, die dem Volk Gottes durch den Schöpfer erwiesen werden sollte, in der Folge von sehr geringem Wert waren.

Es erhebt sich die Frage, ob es überhaupt einen Sinn hat, auf uneigennützige Liebe zu zählen? Gewiss, das Motiv war edel, denn eine Liebe, die umsonst gewährt wird, also auf reinem Gefallen oder – wie man sagen könnte – einem programmgemäß grundlosen Gefallen beruht, ist sicher die höchste Art von Liebe. Das Motiv ist somit edel, die Folgen jedoch sind bejammernswert.

Die Moral: Verlassen wir uns nicht auf uneigennützige Gefühle. Zählen wir auf Gegenseitigkeit und nicht auf Wohltätigkeit. Nehmen wir ein Versprechen nur dann an, wenn derjenige, der es gibt, weiß, dass wir uns revanchieren können. Dutzende von Philosophen, Thomas Hobbes allen voran, haben den Erfolg dieses Grundsatzes bestätigt – vom täglichen Leben ganz zu schweigen.

Rechnen wir damit, dass wir so viel bekommen, wie wir geben. Die Heilige Schrift beweist übrigens selbst die Richtigkeit dieses Grundsatzes. Nämlich in der Geschichte von Kain und Abel.

Kain

oder Die Interpretation des Grundsatzes: Jedem nach seinen Verdiensten

Wie man weiß, war Kain ein Bauer, Abel ein Hirte. Es war daher anscheinend das Natürlichste von der Welt, dass der erste Gott ein Opfer aus Mais, Flachs, Rüben und Früchten darbrachte, der zweite hingegen eines aus Fett, Fleisch, Persianerfellen und Hammelrücken.

Aber leider war es ebenso natürlich, dass Abels Opfer, vom Standpunkt der Marktpreise aus, ein unvergleichlich kostbareres Geschenk darstellte, welchem Gott seine Aufmerksamkeit zuwandte, während er die Geschenke Kains mit verächtlicher Gebärde und vielleicht sogar mit wenig höflichen Worten abtat. Es gibt im Übrigen kein einziges Dokument, das bewiese, er sei Vegetarier gewesen – sonst hätte die Sache möglicherweise anders ausgesehen. Nun, die Geschehnisse sind bekannt, die Folgen gleicherweise.

Die Reaktion Gottes auf die Opfer der beiden Brüder liefert die beste Interpretation des Grundsatzes:

»Jedem nach seinen Verdiensten.«

Infolge einer unglücklichen Formulierung ist dieser Grundsatz nämlich nicht richtig übersetzt worden. Das Wort »Verdienst« suggeriert fälschlicherweise, bei der Verteilung von Lohn werde nur die Mühe des Menschen, also die investierte Arbeit und der gute Wille, berücksichtigt.

So betrachtet wären die Opfer der beiden Brüder gleichwertig, denn jeder gab das, was er infolge der festgelegten Arbeitsteilung besaß. Der eine Mais, der andere Hammel. Aber hier offenbarte Gott das Wesen der Gerechtigkeit.

Gerechtigkeit in der Verteilung von Lohn kann keinen Unterschied in den objektiven Bedingungen machen, unter denen die Arbeit oder die »Verdienste« realisiert werden. Sie kann keine Rücksicht darauf nehmen, dass der eine vom Schicksal zum Bauern bestimmt wurde und nicht zum Viehzüchter. Sie berücksichtigt nur die objektiven Ergebnisse der Arbeit. Schließlich hätte sich ja Kain um etwas Besseres bemühen, schlimmstenfalls seinen Bruder bestehlen und das Geraubte Gott opfern können. Das wäre zwar nicht sehr lobenswert gewesen, hätte aber sicher zu weniger schwerwiegenden Folgen geführt als das, was dann geschah. Im Übrigen hätte Gott, wie man annehmen kann, den kleinen Fehler unbeachtet gelassen, der ihm selbst zum Vorteil gereichen sollte.

Aber Kain wollte ehrlich sein und brachte das, was er besaß. Danach ertrug er das Unrecht nicht, das ihm, seiner Meinung nach, angetan wurde.

Eigentlich bewies er damit Inkonsequenz oder Ignoranz und Naivität. Denn wenn er von vornherein gewusst hat, worin Gerechtigkeit besteht, und dennoch beschloss, ehrlich zu handeln, so hätte er in dieser Rolle ausharren und sich nicht von der Wut über Ereignisse hinreißen lassen dürfen, die ja leicht vorauszusehen waren.

Wusste er es nicht, so war er grenzenlos naiv, und es lohnt sich eigentlich nicht, ihn zu bemitleiden.

Die Moral: Rechnen wir lieber damit, dass man uns nach dem Marktpreis bezahlt als nach der Mühe, die wir an unser Werk gewandt haben. Ein Grundsatz, der von vielen Gelehrten befürwortet wurde, unter anderen von Karl Marx. Ganz zu schweigen vom täglichen Leben. Unser Freund und Bruder wird vielleicht unseren guten Willen, unsere Mühen und unsere ehrliche Absicht anerkennen, unser Feind jedoch wird uns Gerechtigkeit widerfahren lassen, die ein – gesellschaftliches oder göttliches – Recht ist, das sich nach den Folgen unserer Handlungen richtet und nicht nach ihren Absichten. Wenn wir uns diesen Grundsatz zu Eigen machen, können wir manche Freude erfahren: In jedem Pfennig, der uns unerwartet über den Marktpreis hinaus gezahlt wird, werden wir einen Glücksfall sehen, ein Geschenk des Schicksals. Solange wir jedoch von vornherein damit rechnen, dass wir ihn entgegen der Gerechtigkeit erhalten, leben wir in ständigem Ärger, sind wir böse auf die Welt und bringen es schließlich aus Wut fertig, sogar den eigenen Bruder umzubringen.

Noah

oder Die Versuchungen der Solidarität

Als es Gott schließlich – zu spät! – reute, dass er die Spezies Mensch geschaffen hatte, und er, über die Folgen des eigenen Leichtsinns entsetzt, beschloss, seine misslungenen Ebenbilder zu ertränken, sah er, wie man weiß, in Noah das einzige Exemplar, das wert war, gerettet zu werden. Er beging jedoch eine Unbesonnenheit und eine Ungerechtigkeit.

Eine Unbesonnenheit insofern, als er die Menschen schon so weit hätte kennen können, um vorauszusehen, dass alles wieder von vorn beginnen würde, wenn auch nur ein einziges Menschenpaar auf der Erde erhalten bliebe, und dass in wenigen Jahren die gleichen Sorgen wiederkehren würden.

Eine Ungerechtigkeit, weil ihn doch nur die Verbrechen der Menschen geärgert hatten: Wie kam er also dazu, bei dieser Gelegenheit auch alle Tiere zu vernichten, die ja schließlich unschuldig waren? Aber lassen wir diese Überlegungen. Es geht um anderes – um Noah.

Noah war ein gewaltiger Speichellecker. Wenn ein Lehrer, von dem jeder weiß, dass er heftig, missgünstig, jähzornig und rachsüchtig ist, die Klasse anschreit und nur einen Schüler mit Lob überhäuft, so kann man leicht erraten, welches Ausmaß die Speichelleckerei dieses privilegierten Zöglings erreicht haben muss.

Aber auch Noah trug einen Funken Ehrgefühl im Herzen. Solange sich die Zusammenstöße mit dem Herrn auf Geschrei und Drohungen beschränkten, schlich er sich in dessen Vertrauen ein, schmeichelte und liebedienerte er. Bis er schließlich bemerkte, dass die Sache ernst zu werden begann: Die Existenz der Menschheit stand auf dem Spiel.

Noah dachte lange über seine Situation nach. Einerseits erlaubte ihm die elementare menschliche Solidarität nicht, sich von seinen Anverwandten und Freunden loszusagen, um die Güte eines Tyrannen in Anspruch zu nehmen, der sie auslöschen wollte. Ein ehrlicher Mensch muss sich in einer solchen Situation – so sagte er sich – auf die Seite der Verurteilten schlagen und ihr Leid teilen, statt in den Dienst des Verfolgers zu treten. Selbst wenn sie Schuld trügen, wäre es unanständig, sie im Unglück zu verlassen und die eigene Haut zu retten. Trotz allem – so dachte er – bin ich schließlich mehr Mensch als Gott, ergo ist die menschliche Solidarität für mich bindend.

Aber andrerseits liegt in mir jetzt die einzige Chance für eine Wiedergeburt der Menschheit – überlegte Noah weiter. Gott hatte ihm nämlich deutlich gesagt, dass er nicht die Absicht habe, irgendjemand außer ihm und seiner nächsten Familie (jedoch mit Ausnahme der Brüder und Schwestern) von dem Pogrom auszunehmen. Wenn ich mich also zum Selbstmord im Namen der Brüderlichkeit entschließe – sagte sich Noah –, so vernichte ich damit die einzige Möglichkeit einer Wiedergeburt dieser Welt. Auch wenn diese Welt nicht die beste aller Welten ist, so ist sie doch wert weiterzubestehen.

Das Dilemma Noahs lag darin, dass er zu entscheiden hatte, ob es besser sei, einen Verrat zu begehen oder am Untergang der Welt schuld zu haben.

Noch nie stand jemand vor einer so grausamen Entscheidung; noch nie in einer Situation, in der das Los der Menschheit buchstäblich in einer Hand lag und die Rettung der Menschheit zugleich nur durch die eigene moralische Schande erkauft werden konnte.

Zwar werde ich niemand Schmerz zufügen – dachte Noah –, wenn ich mich schließlich zum Sterben und damit zur Wahrung meines moralischen Gesichts entschließe. Es wäre nämlich unrichtig zu behaupten, dass ich meinen nicht existierenden Nachfahren ein Leid antue, wenn ich verhindere, dass sie je existieren werden. Es wäre im Jahre 1749 nach Erschaffung der Welt (das ist das genaue Datum der Sintflut) oder im Jahre 2011 vor Christi Geburt eine Naivität, anzunehmen, dass ich schlecht gehandelt hätte, weil im Jahre 1957 nach Christi Geburt, das heißt in 3706 Jahren, niemand da sein wird, der von meinem Heldentum berichten könnte. Also wäre es wohl am besten, sich anständig zu verhalten und damit zugleich diesem schlechten Abenteuer ein und für alle Mal ein Ende zu setzen.

Aber andrerseits kann ich den Gedanken nicht loswerden, dass die Existenz der Welt etwas Wertvolles ist, ihre Erhaltung ein Ziel, das einen Wert an sich darstellt. Ich kann das zwar nicht beweisen und es fallen mir auch keine vernünftigen Gründe dafür ein, aber diese Überzeugung sitzt dennoch so tief in mir, dass ich kein Mittel gegen sie weiß.

Nach langem Zögern beschloss Noah, die gewaltige Schande des Verrats an den Menschen auf sich zu nehmen, wenn die Menschheit nur dadurch gerettet werden könne. Von diesem Augenblick an war er wie verwandelt. Er schämte sich seiner früheren Speichelleckerei und sah die Schlechtigkeit und die Nichtsnutzigkeit seines damaligen Verhaltens ein. Er meinte es ehrlich, wenn er dachte, wie viel lieber er die Schande zur Errettung der Welt auf sich nähme, wenn er die Welt nicht durch seine Person retten müsste und keinen Vorteil von seiner Tat hätte. Würde denn nicht jeder glauben, dass er aus anderen Motiven gehandelt habe, als um sich selbst zu retten? Der Ruf, zu dem er zwangsläufig gekommen war, ließ es nicht zu.

Noahs Haltung war wirklich heldenhaft – er war bereit, die eigene Schmach dieses Mal bewusst noch größer zu machen. Als er den Brüdern und Bekannten von seinem Entschluss berichtete, wandten sich alle voller Verachtung von ihm ab und dachten, dass Noah einfach nur der geblieben sei, der er immer war, nämlich ein unverbesserlicher Speichellecker. Keinem kam es in den Sinn, wie viel Dramatik in seinem Entschluss lag. Noah duldete. Er beschloss lediglich, sich an dem Tyrannen zu rächen: Er würde seine Kinder so erziehen, dass alle Meutereien und Verstöße gegen das Gesetz, wie sie vergangenen Epochen eigneten, schon in wenigen Generationen angesichts neuer Ereignisse verblassen müssten. Seine Nachkommen würden eine Bande unverbesserlicher Rebellen sein, notorische Spötter, deren Dasein dem Allmächtigen zur ewigen Qual gereichen würde.

Solches geschah auch – aber Noah erlebte es nicht mehr.

Jetzt bestieg er das Schiff, verriet die Freunde, das Vaterland und die Brüder ...

Die Moral: Denken wir daran, dass wir uns zuweilen den Mächtigen liebedienerisch unterwerfen und die eigenen Genossen für sie verraten dürfen – aber nur dann, wenn wir mit absoluter Sicherheit wissen, dass das die einzige Möglichkeit ist, die ganze Menschheit zu retten. Bisher war Noah der Einzige, der vor einem solchen Dilemma stand.

Lots Frau

oder Der Zauber der Vergangenheit*

Die so genannte sodomitische Sünde ist nur ein Märchen, das sich Feinde der Stadt Sodom ausgedacht haben, um diese zu verunglimpfen. Die Schrift erwähnt sie übrigens nicht eindeutig. In Wirklichkeit gerieten die Bewohner Sodoms aus ganz anderen Gründen in Konflikt mit der Obrigkeit. Sie kamen nämlich zu dem Schluss, dass alle Menschen gleich und frei seien und ein unverletzbares Lebensrecht haben, woraufhin sie Gesetze beschlossen, in denen Gleichheit, allgemeine Freiheit und Aufhebung der Todesstrafe verkündet wurden.

Um diesen Gesetzen das nötige Gewicht zu verleihen, wurden in der Stadt Sodom folgende Zusatzgesetze erlassen:

1. Jeder, der widerspricht, dass die Menschen frei seien und auf der Festsetzung von irgendjemandem besteht, wird auf unbestimmte Zeit ins Gefängnis geworfen.
2. Jeder, der widerspricht, dass die Menschen gleich seien und die Einführung von Ungleichheit fordert, wird zu einem aller Rechte beraubten Sklaven.
3. Jeder, der die Einführung der Todesstrafe verlangen sollte, wird rechtskräftig zum Tode verurteilt.

* Dieser Text fehlte in der Erstausgabe von 1964, weil die Zensur ihn nicht zuließ.

Damit das Gesetz greife, haben die Bewohner Sodoms ein gewaltiges Geheimpolizeinetz geschaffen. Aufgabe dieser Geheimpolizei war es, in den Häusern und auf den Straßen zu lauschen, ob nicht irgendjemand Meinungen ausspricht, die gesetzeswidrig wären, und solche Personen sofort zu verhaften. Da aber viele Zweifel an der Zweckmäßigkeit einer Aufhebung der Todesstrafe zum Ausdruck brachten, wurden sie alle vor ein Standgericht gestellt und sofort erschossen; solche Urteile gingen in die Tausende, ebenso wie die Verurteilungen zu Gefängnisstrafen wegen der Anzweiflung des Grundsatzes von der allgemeinen Freiheit sowie Verurteilungen zur Sklaverei wegen der Infragestellung der allgemeinen Gleichheit.

Damit die Arbeit zügiger vonstatten ginge, war die Geheimpolizei in drei Netze aufgeteilt, von denen sich jedes mit der Verfolgung eines der drei erwähnten Verbrechen beschäftigte. Es kam jedoch öfters vor, dass Agenten der Polizei zur Überwachung der allgemeinen Gleichheit selbst Zweifel am Grundsatz der allgemeinen Freiheit äußerten und daraufhin von Agenten der Polizei zur Überwachung der allgemeinen Freiheit verhaftet wurden, die Letzteren aber sprachen sich nicht selten ablehnend über die Abschaffung der Todesstrafe aus, was dazu führte, dass sie von der Polizei zur Gewährleistung der Sicherheit vor Todesstrafe in Gewahrsam genommen und vor Gericht gestellt wurden und so weiter. Daraus entwickelte sich schließlich eine unerträgliche Situation, da zwischen den drei Polizeinetzen unüberwindbarer Hass entstand und sie gegenseitig ihre Agenten genauer beobachteten als den Rest der Bevölkerung. Erschießungen, Verhaftungen und Versklavungen wurden zur Massenerscheinung, weil die gegenseitigen Denunzierungen unter den Polizisten ungeheuere Ausmaße annahmen. Die dezimierten Reihen jeder der drei Geheimpolizeien mussten ständig ergänzt werden. Andererseits warb jede problemlos Agenten unter der Bevölkerung an, da ja kein rechtschaffener Mensch die Zusammenarbeit mit einer Organisation ablehnen konnte, deren Ziel es war, der Bevölkerung Freiheit, Gleichheit oder Sicherheit zu gewährleisten. Nach einem Jahr war bereits ein Viertel der Bevölkerung wegen Widerstands gegen die Abschaffung der Todesstrafe erschossen worden, ein Viertel saß wegen fehlender Übereinstimmung mit dem Grundsatz der Freiheit im Gefängnis, ein Viertel geriet in Sklaverei für das Infragestellen der gesellschaftlichen Gleichheit, und von den übrigen 25 Prozent arbeitete fast jeder in einem der Polizeinetze.

Jehova betrachtete dies mit Trauer und Sorge. Die theoretischen Prinzipien der Bewohner Sodoms gefielen ihm überhaupt nicht. Jehova war nämlich der Meinung, dass Gleichheit und Freiheit eine absurde Erfindung seien, und die Idee einer Abschaffung der Todesstrafe schlichtweg eine gegen ihn gerichtete umstürzlerische Aktion; außerdem konnte er es nicht ertragen, dass die Bewohner Sodoms diese

Grundsätze so leidenschaftlich verteidigen. Deshalb schickte er seine eigenen Emissäre los, die in der infizierten Stadt seine Ideen propagieren sollten: dass die Menschen weder frei noch gleich seien und dass die Todesstrafe beibehalten werden müsse. Diese Agenten nahmen mit einem gewissen Lot Kontakt auf, der in den Augen der Geheimpolizei seit langem als verdächtig galt. Nicht ohne Grund, denn nachdem sie sich näher kennengelernt hatten, erklärte Lot seinen Gästen, dass seiner Meinung nach ein beträchtlicher Teil der Bevölkerung einer niederen Rasse angehöre und in Konzentrationslagern gehalten, im Falle von Ungehorsam aber mit dem Tode bestraft werden solle – Ansichten, die eine Beleidigung waren für die Gesetze der Stadt Sodom. Die Agenten weihten ihn daraufhin in die letzten Pläne ihres Vorgesetzten ein: Erzürnt über die Philosophie der Bewohner Sodoms hat nämlich Jehova beschlossen, die ganze Stadt in Schutt und Asche zu legen. In Anbetracht dessen aber, dass er, Lot, diese Philosophie ganz und gar nicht teile, wird er aus der Stadt geführt und vor dem Untergang gerettet.

So geschah es auch. Vor Morgengrauen führten die Emissäre Lot und seine Familie aus der Stadt. Danach fiel heftiger Feuerregen vom Himmel, und innerhalb weniger Sekunden stand die ganze Stadt in Flammen.

In dem Augenblick eben begann die bekannte Geschichte mit Lots Frau. Jehovas Abgesandte haben strengstens verboten, sich während der Flucht umzuschauen: »Wenn du dich umsiehst«, sagten sie, »bedeutet dies, dass du dich nach dem Vergangenen zurücksehnst, nach den Grundsätzen der Gleichheit, Freiheit und Sicherheit, die von Gott verdammt wurden. Bedenke, dass solche Gelüste die Todesstrafe nach sich ziehen, die Jehova umso lieber anwenden wird, als er dadurch deine Familie in der Überzeugung, dass die Anwendung der Todesstrafe gerecht ist, noch mehr bestärken will.«

Nun hat sich Lots Frau im Gegensatz zu ihrem Mann gleich nach Verlassen des Stadttores nach Freiheit, Gleichheit und Sicherheit zurückgesehnt, sie hat sich also nach der Vergangenheit gesehnt, die ihr brutal entrissen wurde. Schweren Herzens verließ sie ihre Stadt, aber die Versuchung, noch einmal einen Blick auf diese zu werfen, wurde immer übermächtiger, je weiter sich die Schreie der bei lebendigem Leibe verbrennenden Bewohner Sodoms hinter ihrem Rücken entfernten. Der Wunsch überkam sie schließlich mit einer solchen unüberwindbaren Macht, dass sie sich rasch umdrehte und auf die brennende Stadt blickte. In eben diesem selben Moment hat sie bekanntlich Jehova in eine weiße Natriumchloridsäule mit undeutlich umrissener Menschengestalt verwandelt.

In der kleinen Flüchtlingsgruppe rief dies Bestürzung hervor. Lot lief zu den Anführern und rief:

»Meine Frau ein Mineral! Bei Gott, tut was, um sie zu beleben!«

»Nichts zu machen, sie ist selber schuld«, antwortete einer von Jehovas Agenten. »Wir haben gewarnt. Warum wollte sie in das Vergangene zurückkehren?«

»Aber sie wollte gar nicht zurück ins Vergangene! Sie wollte es nur im Augenblick des Untergangs sehen.«

»Das Vergangene sehen zu wollen«, entgegnete der Agent streng, »bedeutet so viel, wie seine Wiederkehr zu wünschen. Wozu sollte man es andernfalls betrachten?«

»Eben deshalb, um sich an seinem Untergang zu erfreuen!«

»Oh nein, mein Freund! Das solltest du dir merken, dass die Vertiefung in die Vergangenheit zu den schwerwiegendsten Sünden unter Jehovas Sonne zählt.«

»Aber warum?«

»Um daraus nicht an ein Wissen zu gelangen, das für den Menschen nicht geeignet ist.«

»Aber unsere eigene Vergangenheit ist uns ohnehin bekannt. Welche weiteren Geheimnisse lassen sich in ihr entdecken?«

»Jehova will nicht, dass das Vergangene mit dem verglichen wird, was ist und was sein wird. Das, was war, soll man vergessen, weil ...«

»Weil man dann die Zukunft nicht ausreichend zu schätzen weiß«, führte Lot zu Ende.

Der Agent lächelte mild.

»Du bist schlau, mein Freund. Aber dennoch weißt du nicht alles. Die Menschen sehnen sich nicht deshalb nach der Vergangenheit, weil sie besser ist, sondern deshalb, weil sie vergangen ist. Denn – merk dir diese Wahrheit ganz genau – der Mensch ist nur Vergangenheit. Du bestehst nur aus der Ganzheit deines bisherigen Lebens, das heißt aus der Vergangenheit; außerhalb dieser gibt es dich nicht: Dir die Vergangenheit zu nehmen bedeutet dich zu töten. Man kann die Vergangenheit allmählich unbemerkt wegnehmen; wenn man sie aber plötzlich entreißt, hört der Mensch auf zu existieren. Deine Frau hat den Untergang ihrer Vergangenheit in einem einzigen Augenblick gesehen und musste deshalb zugrunde gehen.«

»Das, was du sagst, mein Herr Engel, ist in sich widersprüchlich. Vorhin hast du gesagt, dass Jehova meine Frau deshalb vernichtet hat, weil sie das Vergangene nicht vergessen wollte, jetzt aber erklärst du, dass sie sich selbst tötete, weil eben ihre Vergangenheit vernichtet worden ist.«

»Jehovas Geheimnis ist der Widerspruch«, antwortete der Agent nicht mehr so freundlich. »Indem sich deine Frau nach der Vergangenheit sehnte, zog sie sich Jehovas Ungnade zu, wobei sie sich retten wollte, aber da sie ihre Vergangenheit im Zusammenbruch schaute, hat sie sich selbst vernichtet. Ihr Ende ergab sich von daher also aus einem Zusammenwirken von Jehova und ihrer selbst.«

»Wenn das so ist, dann will mich Jehova, der mich meiner Vergangenheit berauben will, ebenfalls töten.«

»Nun, nicht im physischen Sinne«, antwortete der Agent bereits ungeduldig. »Er will nur, dass du ein anderer Mensch wirst und die verdammten Ideale von Gleichheit, Freiheit und Sicherheit vergisst. Du wirst in ein Land des Despotismus, der Ungleichheit und des Todesgrauens treten, aber sobald du dich damit identifizierst, wirst du zu einem anderen Lot, wirst deine durch den Umgang mit jener Welt geformte Identität verlieren.«

»Warum hat man dann also dennoch meine Frau physisch vernichtet?«

»Genug jetzt«, fuhr ihn der Agent barsch und diesmal richtig wütend an. »Ich habe nicht die Absicht, dir die göttlichen Geheimnisse weiter zu erläutern. Du bildest dir ein, dass du mir gleich bist und dass du mit mir streiten kannst, so viel du willst. Schluss damit! Du hast selbst zugegeben, dass die Idee der Gleichheit ein umstürzlerischer Unsinn ist. Sei so gut und richte dich danach und nehme die Erklärungen der Vorgesetzten ehrfürchtig an, ohne Klügelei und Räsonieren. Ich betrachte das Gespräch für beendet, meine Geduld ist ohnehin überstrapaziert.«

Lot schlich traurig in das neue Land und dachte in aller Stille über das Geheimnis der Vergangenheit, der Gleichheit, Freiheit und der Widersprüchlichkeit Jehovas nach.

Welche moralischen Schlussfolgerungen ergeben sich also aus Lots Schicksal?

Erste Moral: in Sachen Vergangenheit. Uns

scheint, dass uns die Vergangenheit gehört. In Wirklichkeit aber ist es umgekehrt – wir gehören der Vergangenheit, denn wir sind nicht in der Lage, in ihr Veränderungen vorzunehmen, sie dagegen erfüllt die Gesamtheit unserer Existenz.

Zweite Moral: in Sachen Vergangenheit. Die Obrigkeit, die die Betrachtung der Vergangenheit verbietet, sorgt nur um unser Wohl. Denn in der Tat, mein Freund, schau dich um und du versteinerst.

Dritte Moral: dito. Da man, sobald man der Vergangenheit beraubt wird, untergeht und da man, sobald man sich in diese vertieft, ebenfalls untergeht, gibt es nur einen Ausweg – die Last der Vergangenheit tragen und gleichzeitig so tun, als gäbe es sie nicht. Ihr sagt, dies sei überaus schwierig? Und dennoch gelang es manch Einem. Es lebe manch Einer!

Sara

oder Der Konflikt zwischen dem Allgemeinen und dem Persönlichen in der Moral

Als Sara ihrem Mann schließlich sagte, dass sie infolge gewisser angeborener Defekte nicht in der Lage sei, ihn mit Nachkommenschaft zu beglücken, saß Abraham finster und gedankenverloren da. Das Gespräch riss ab, in gespanntem Schweigen erwarteten beide das Wort, das beide kannten, das aber eine ganze Weile niemand von ihnen laut auszusprechen wagte. Endlich sprach Sara es aus – denn einmal war sie als Frau zu größerem Mut verpflichtet und zum andern hatte gerade sie in dieser Angelegenheit einen Akt des Verzichts zu erfüllen. Sie sagte: »Du wirst ein Kind mit Hagar, meiner Dienerin, haben.« Abraham seufzte erleichtert auf; er war nicht gerade ein mutiger Mensch und jetzt froh, dass der Vorschlag nicht von ihm ausgegangen war. Wäre er weniger kleinmütig gewesen, hätte er den Vorschlag selbst gemacht und von seiner Frau die Zustimmung erwartet, ohne sie zu dem erniedrigenden ersten Wort zu zwingen. Er hätte nicht feige den Vorwurf, ein Egoist zu sein, umgehen, sondern seiner Frau wenigstens den Vorzug des Bewusstseins geben sollen, sie sei das Opfer eines brutalen Vorgehens geworden (denn sie wusste, dass er Hagar schon seit langem begehrte). Er hätte es nicht so weit kommen lassen dürfen, dass sie ihn durch ihre Initiative der Schuld enthob und zu der von ihm selbst sehnlich gewünschten Sünde trieb. Die Ägypterin Hagar war das schönste Mädchen in den Tälern des Euphrat. Saras Entschluss war keineswegs eine spontane Reaktion des Herzens gewesen. Er war auch kein großmütiger Entschluss. Er entsprang ausschließlich dem bescheidenen Wissen, das sie vom Begriff Familie besaß. Sara wusste, dass ein von Gott stammender Grundsatz besagt, es sei die Bestimmung des Menschen, das eigene Dasein in den Kindern fortzusetzen. Wenn dieser Grundsatz nicht in die Tat umgesetzt wird, gibt es keine Familie, verwirklicht diese ihr Wesen, ihre Essenz nicht. Es ging also darum, Essenz und Existenz in Übereinstimmung zu bringen, die allgemeine Natur der Familie mit dem konkreten Einzelfall, dem Paar Abraham–Sara. Sara wusste überdies, dass ein kinderloser Abraham schließlich zum Gespött der Bekannten werden würde, von allen verachtet, und dass seine soziale Stellung infolge dieser anomalen Situation erschüttert werden könnte. Aber es war nicht einmal die Furcht, ihr Mann könne sich lächerlich machen, die sie leitete. Sie wurde vom reinen Bewusstsein jener allgemeinen Pflicht geleitet, dem reinen Bedürfnis der allgemeinen Norm Genüge zu tun, von dem Gefühl der Unruhe angesichts der Tatsache, dass die Existenz das Wesen nicht erfüllte, dass ihre Familie, dem allgemeinen Grundsatz der Familie – sich zu vermehren – nicht gerecht wurde. So siegte das Allgemeine über das Persönliche.

Reglos und ohne eine Träne des Bedauerns lag Sara im nächtlich kühlen Gras neben dem Zelt, in dem ihr Mann gierig den unvergleichlichen Leib Hagars in Besitz nahm, und blickte zu den Sternen empor. Die Nacht war lang, sie war endlos, aber Abraham merkte ihre Dauer nicht, während Sara das Alter empfand.

Und dann geschah das, was vorauszusehen gewesen war. Hagar, damals noch ein gutes, aber naives und etwas eitles Mädchen, verstand die Aufgabe nicht, für die sie das Schicksal ausersehen hatte. Die Nacht, die sie mit Abraham verbrachte und die sich noch einige Male wiederholte, war für sie nur eine Nacht der Lust und nicht eine Nacht der Pflicht wie für Sara. (Abrahams Haltung war zweideutig – er erfüllte eine Pflicht, und warum sollte er nicht bei dieser Gelegenheit auch deren reizvolle Seiten nützen?) Im System der Gesetzerfüllung war Hagar nur passives Werkzeug, das sich der Rolle, die es zu spielen hatte, nicht bewusst war; ihr Bewusstsein war frei von allgemeinem Wissen, sie nützte das Recht, um unmittelbare Freude zu kosten, ihre Motive waren persönliche Motive und eng mit dem Augenblick verbunden.

Aber Hagar wusste, dass es gut ist, Kinder zu haben. Statt ihrer Rolle bescheiden zu genügen, stellte sie jedoch ihren wachsenden Leib zur Schau und prahlte überall mit der zu erwartenden Mutterschaft. Mit Hilfe kleiner Anspielungen und Gesten führte sie der unglücklichen Herrin ihre Vorzüge vor Augen. Saras Opfermut wurde auf immer größere Proben gestellt. Abraham stolzierte zunächst herum, als hätte er eine außergewöhnliche Leistung vollbracht. Bald wurde die Atmosphäre zu Hause jedoch unerträglich, und er begann sein Heim zu meiden, um sich nicht in das Gezänk der Frauen einmischen zu müssen.

Schließlich brachen Saras Wut und Erbitterung offen zutage. In einem Ausbruch lang unterdrückter Empörung und in dem Wunsch nach Rache verlangte sie von Abraham Genugtuung. Wie alle, von denen man sagt, sie seien »echte Männer«, war Abraham ein Feigling. Er besaß lediglich den zweifelhaften Mut, in einer fanatisierten Kriegerschar mit dem Schwert herumzufuchteln, und hatte nicht den geringsten Sinn dafür, den Konflikten des Lebens zu begegnen. Er ging jeglicher Initiative aus dem Weg, indem er sich bemühte, immer so zu handeln, dass an seiner Stelle ein anderer die schwierige Entscheidung traf. Auch jetzt verhielt er sich seinem Charakter entsprechend. Auf das Wehklagen und die Hassausbrüche seiner Frau reagierte er schnell mit den Worten: »Aber Hagar ist doch deine Dienerin, du kannst mit ihr tun, was dir beliebt. Ich denke nicht daran, mich einzumischen, mich geht es nichts an, was mit ihr geschieht.«

Sara hatte nur auf diese Erlaubnis gewartet. Noch am selben Abend wurde die schwangere Hagar mit den gemeinsten Schimpfworten beworfen, wurde geschlagen und beleidigt. Laut weinend und verzweifelt lief sie aus dem Haus ihrer Brotgeber. Solcherart gewann das Herz schließlich wieder die Oberhand über das Recht, empörte sich die Existenz gegen die Essenz, siegte das Persönliche über das Allgemeine. Abraham kehrte, als alles zu Ende war, nach Hause zurück und war eigentlich ganz froh über diese Wendung der Dinge; die geringen Gewissensbisse, die er wegen der vertriebenen Geliebten empfand, schwanden bald angesichts der Erleichterung darüber, dass er die Sache endlich hinter sich hatte. Es war alles in Ordnung, denn er hatte niemandem etwas getan und keinerlei Entscheidung treffen müssen. Wie alle Feiglinge war er davon überzeugt, dass keine Verantwortung trägt, wer nichts tut, und dass es das Beste ist, sich nicht zu engagieren: Er hatte Hagar im Auftrag seiner Frau geschwängert, an dem Weiberstreit keinen Anteil genommen und schließlich nur gesagt, dass Hagar Saras Dienerin sei, mit der die Herrin verfahren kann, wie es ihr beliebt. Man brauchte sich nur die Tatsachen vor Augen zu halten. Dabei löste sich die quälende Situation ganz von allein.

Der weitere Verlauf der Geschichte ist weniger interessant.

Erste Moral, die Situation Saras betreffend:

Erweist sich das Gesetz wirklich als unerträglich, vergewaltigt es unsere Natur zu sehr, so bedeutet es keine Schuld, es nicht zu erfüllen, und es zu erfüllen, ist ein Verdienst. Mit anderen Worten: naturam expelles furca ...

Zweite Moral, die Situation Saras betreffend:

Haben wir jedoch die Last auf uns genommen, das Recht zu erfüllen, so bedeutet es schon Schuld, nicht bis zum Ende auszuharren, denn sonst bezahlt ein anderer für unsere Inkonsequenz.

Dritte Moral, die Situation Hagars betreffend:

Man wird zu Recht bestraft für unverdiente Vorteile.

Vierte Moral, die Situation Abrahams betreffend:

Feigheit kann sich im Hinblick auf große Leidenschaften vorteilhaft auswirken.

Fünfte Moral, die Situation Abrahams betreffend:

Machen wir uns nicht vor, wir träfen keine Entscheidungen, wenn wir nur Tatsachen feststellen.

Sechste Moral, die Situation des Dreiecks betreffend:

Was für eine unwahrscheinliche Geschichte: sich eine Geliebte zu nehmen, weil man Kinder will! Aber man muss sich klar werden darüber, was einem am wichtigsten ist.

Abraham

oder Eine höhere Trauer

Die Geschichte von Abraham und Isaak wurde von Sören Kierkegaard und seinen Nachfolgern philosophisch als das Problem der Furcht interpretiert: Abraham soll den Sohn auf Befehl Gottes opfern. Aber woher nimmt er die Gewissheit, dass es ein Befehl Gottes ist und nicht eine Versuchung des Teufels, eine Täuschung oder Wahnsinn? Woher die Sicherheit, dass er den Befehl richtig verstand? Mit anderen Worten, die Interpretation der Angelegenheit Isaaks unter existenzialistischem Aspekt geht von der Auffassung aus, dass die endgültige Entscheidung in der Hand Abrahams liege, dass Abraham nicht die Möglichkeit habe, sich völlige Gewissheit über die Quelle des Befehls und über dessen Inhalt zu verschaffen, und er von der Furcht geschüttelt werde, er könne das Leben des Sohnes vielleicht umsonst opfern. Abraham steht also für menschliche Furcht angesichts einer Situation, in welcher ein Zwang zur Wahl unter großen Werten besteht und es an äußeren Gründen fehlt, diese Wahl zu treffen.

Ich gestehe, dass ich Lust habe, das Problem Isaak in einer bedeutend einfacheren Weise zu lösen, in einer Weise nämlich, die eher auf Abrahams Vergangenheit Bezug nimmt. Ich setze voraus, dass Abraham nicht an dem göttlichen Ursprung des Befehls zweifeln konnte. Er verfügte über absolut zuverlässige Mittel zur Verständigung mit seinem Schöpfer, wie sie uns heute unbekannt sind, er verkehrte häufig mit ihm und stand sogar in einem gewissen Vertrauensverhältnis zu seinem Vorgesetzten. Ich ziehe auch das bekannte Versprechen in Betracht, das ihm sein Herr gegeben hatte: das Versprechen, aus ihm ein großes, besonders gesegnetes Volk zu machen, das in der Welt eine außergewöhnliche Stellung einnehmen würde. Er knüpfte nur eine Bedingung daran: absoluten Gehorsam gegenüber der Obrigkeit. Wenn Abraham nicht sicher gewesen wäre, dass wirklich Gott zu ihm sprach, so wäre Gottes Absicht sinnlos gewesen: Er wollte nämlich die Treue des Untergebenen erproben, musste also Mittel finden, um in diesem die untrügliche Überzeugung zu wecken, dass er eben einen solchen Befehl vom Vorgesetzten erhalten habe. Im umgekehrten Falle wäre das Ziel des Unternehmens nicht zu erreichen gewesen – statt darüber nachzudenken, ob er den Befehl ausführen solle, hätte Abraham darüber nachdenken müssen, ob er überhaupt einen Befehl erhalten habe.

Mit anderen Worten: Abraham trägt die Verantwortung für die Staatsraison. Das zukünftige Schicksal des Volkes und die Größe des Staates hängen von der getreuen Erfüllung aller Befehle der Obrigkeit ab. Aber die Obrigkeit verlangt von ihm, dass er das eigene Kind opfert. Abraham hatte zwar die Natur eines Gefreiten und war es gewöhnt, sich genau an die Instruktionen von oben zu halten – er war jedoch nicht ohne Mitgefühl für das Los der Familie. Als Gott ihm befahl, den Sohn dem Feuer zu opfern, hatte er es nicht für notwendig erachtet, den Befehl zu begründen. Es ist nicht Art von Vorgesetzten, dem Untergebenen den Befehl zu erläutern. Das Wesen des Befehls besteht darin, dass er ausgeführt werden muss, weil er ein Befehl ist, und nicht deswegen, weil er vernünftig, erfolgversprechend, durchdacht ist; es ist keineswegs erforderlich, dass der Gehorchende den Sinn des Befehls versteht – sonst kommt es unweigerlich zu Anarchie und Chaos. Ein Untergebener, der nach dem Sinn des erhaltenen Befehls fragt, sät Unordnung, entlarvt sich als unfruchtbarer Räsoneur. Er ist im Grunde ein Besserwisser, ein Feind der Obrigkeit, der gesellschaftlichen Ordnung und des Systems.

Aber wenn der Befehl verlangt, dass du den eigenen Sohn töten sollst?

Der Konflikt Abrahams ist der übliche Konflikt des Soldaten: Abraham wusste, dass er sich in einer unnatürlichen Situation befand. Einen Beweis dafür liefert die Tatsache, dass er, als er sich der Opferstelle näherte, dem Diener befahl, zurückzubleiben, dass er vorgab, mit dem Sohn Gebete verrichten zu wollen, und dass er sich bemühte, das grausame Geschäft unbeobachtet zu vollbringen. Selbst dem Sohn verriet er das Ziel des Ausflugs nicht. Er wollte vermeiden, dass der Sohn erkannte, Opfer des Vaters zu sein.

Als sie an Ort und Stelle angelangt waren, begann

Abraham umständlich, den Stoß aufzuschichten. Das verlangte einige Geschicklichkeit, denn die Balken fielen auseinander, und Abraham musste mehrmals von vorne anfangen. Isaak beteiligte sich nicht an diesen Verrichtungen, betrachtete ängstlich den Vater, stellte schüchtern einige Fragen, erhielt aber nur brummige und unwillige Antworten.

Schließlich ließ sich die Sache nicht länger hinziehen. Abraham wollte den Sohn nicht über sein Schicksal aufklären, solches war im Befehl nicht einbegriffen. Er konnte also dem Kind den Schrecken ersparen. Mit einem blitzartigen Schlag von hinten, einem erprobten Schlag, bei dem niemand Zeit hat, einen Gedanken zu fassen, wollte er es töten.

Aber das gelang nicht. Isaak kletterte auf den Stoß, wo der Vater ihn irgendeine Kleinigkeit in Ordnung zu bringen geheißen hatte. In diesem Augenblick hob der Vater das schwere, bronzene Schwert, mit dem er sonst die Ochsen zu töten pflegte. Im selben Augenblick ertönte aber auch der Schrei des Engels: »Halt ein!« Gleich darauf ein Schrei des Entsetzens: Isaak hatte sich umgedreht, erblickte den mit erhobener Waffe, mit einem Blick brutaler Entschlossenheit, mit zusammengekniffenen Lippen wie erstarrt dastehenden Vater und fiel in Ohnmacht.

Gott lächelte gutmütig und klopfte Abraham auf die Schulter.

»Du benimmst dich, wie es sich gehört«, sagte er anerkennend, »jetzt weiß ich, dass du auf meinen

Befehl auch den eigenen Sohn nicht schonst!« Dann wiederholte er das alte Versprechen, sein Volk zu vermehren und ihm bei der Vernichtung seiner Feinde beizustehen: »Denn du hörtest meine Stimme.«

Damit ist die Geschichte zu Ende. Freilich hätte sie auch anders aufhören können. Hätte Isaak nämlich nicht im letzten Augenblick den Kopf gewendet, wäre ihm das Geschehen überhaupt verborgen geblieben. Einen Moment später wäre er vom Stoß heruntergeklettert und hätte den Vater, das Schwert schon in der Scheide, ruhig dastehen sehen. Solcherart hätte sich die ganze Geschichte außerhalb des Bewusstseins von Isaak abgespielt, nur zwischen Abraham und Gott. Sie hätte als Illustration für eine bestimmte Art von Erziehung dienen können. Aber Isaak sah: Abraham war zufrieden, weil er sich Gottes Anerkennung verdient, die Bestätigung für den kommenden großen Staat erhalten und den Sohn schließlich nicht geopfert hatte. Alles fand ein gutes Ende, und in der Familie wurde viel gelacht. Isaak verwand seinen Schock allerdings nie: Seit dieser Zeit schwankte er auf den Beinen, und ihm wurde übel beim Anblick des Vaters. Aber er lebte lange und hatte viel Erfolg.

Die Moral: Irgendein verweichlichter Intellektueller, ein hysterischer und weinerlicher Mensch wird vielleicht sagen, es sei vom Standpunkt der Moral ganz gleich, ob Abraham seinen Sohn tötete oder ob er nur das Schwert erhob, um ihn zu töten, und ihn jemand davon abhielt. Wir jedoch sind mit Abraham der entgegengesetzten Meinung – wir, die richtigen Männer. Wir achten das Resultat und wissen, dass es ganz gleich ist, ob er töten wollte oder nicht. Immerhin hat er ja nicht getötet. Deswegen lachen wir bis zum Umfallen über den herrlichen Spaß Gottes. Schließlich seht ihr selbst, dass er ein Pfundskerl ist.

Esau

oder Das Verhältnis der Philosophie zum Handel

Mehreren Generationen von Abrahams Nachfahren erging es wie ihrem Stammvater, sie hatten unfruchtbare Frauen. Diese seltsame Gesetzmäßigkeit wurde durch Gottes Intervention regelmäßig durchbrochen, so dass doch Kinder geboren wurden.

Da war zunächst der Fall Rebekkas, der Frau Isaaks. Mit Gottes Hilfe gebar sie Zwillinge – den behaarten, starken Esau und den glatten Jakob.

Esau, der Liebling des Vaters, wuchs zu einem finsteren und schweigsamen Jungen heran; er verbrachte seine Tage mit Jagd, mied die Menschen, und da er sich seiner Hässlichkeit schämte, steigerte er sie noch dadurch, dass er sich nicht um sein Äußeres kümmerte. Er arbeitete schwer, jagte oder ackerte den ganzen Tag.

Jakob hingegen war schön, gut frisiert, lustig und schwatzhaft. Er verstand es, mit seinen Scherzen alle zum Lachen zu bringen und sich seine Zeit hauptsächlich mit Spaziergängen und Spielen zu vertreiben. Zuweilen half er auch der Mutter, deren Lieblingssöhnchen er war, wenn auch widerstrebend, bei der Hausarbeit.

Als Jakob sich eines Tages sein Abendessen gerichtet hatte, kam Esau gerade müde und erschöpft von der Arbeit nach Hause und bat ihn, ihm doch etwas davon abzugeben. So kam es zu dem der ganzen Welt bekannten Handel. Jakob schlug dem Bruder einen Tausch vor: Er war bereit, seine Mahlzeit gegen Esaus Erstgeburt abzutreten. Esau, der wegen seiner schlechten Manieren und des seltenen Umgangs mit Menschen Neigung und Begabung zum Philosophieren besaß, begann zu überlegen:

Was bedeutet Erstgeburt? Die Tatsache, dass ich zuerst geboren bin. Zwar nur um eine Minute früher, aber doch zuerst. Diese Tatsache gehört der Vergangenheit an. Die Erstgeburt abzutreten, bedeutet also die Vergangenheit zu verändern. Das ist jedoch nicht möglich. Also muss derjenige, der für die Veränderung der Vergangenheit zahlen will, ein Dummkopf sein. Und doch hat sich so einer gefunden. Für den gesunden Menschenverstand steht fest: Wenn ich etwas dafür bekommen kann, dass in irgendwessen Bewusstsein die Vergangenheit sich verändert, lohnt es sich sogar, eine Schüssel Linsen zu nehmen. In Wirklichkeit ist es doch ausgeschlossen, dass das, was wirklich geschehen ist, infolge einer späteren Entscheidung, die auf unserer Transaktion basiert, nicht wirklich geschehen ist. (Esau war ein Vertreter des epistemologischen Realismus und glaubte fest daran, dass die zeitliche Folge nicht rückgängig gemacht werden kann, das heißt, er war von der unveränderlichen Richtung der Zeit und von der Unvermeidlichkeit der Vergangenheit überzeugt.) Daher bleibt die Tatsache meiner Erstgeburt eine unveränderte Wirklichkeit, und die ganze Veränderung wird darin bestehen, dass Jakob behaupten wird, er sei der Erstgeborene. Ich zahle ihm also mit einer fiktiven, rein bürokratischen, das Wesen der Sache nicht berührenden Veränderung. Den Philosophen interessiert jedoch das Wesen, nicht der Name – ergo kann ich den Tausch ruhig vornehmen.

Jakob jedoch, der auch ein Philosoph war, aber infolge seines Nichtstuns ein Idealist und Pragmatiker, sah die Dinge anders.

Was heißt Vergangenheit an sich? – dachte er. Schon der Begriff Vergangenheit geht davon aus, dass es etwas ist, was nur *war* und somit bereits zu sein aufhörte, das heißt etwas, was es überhaupt nicht gibt. Wenn die Vergangenheit irgendwo existiert, so nur in meiner Vorstellung oder in der Vorstellung eines anderen. Die Behauptung, es gebe eine Vergangenheit unabhängig davon, ob jemand etwas von ihr weiß oder nicht, hat keinen Sinn. Die Vergangenheit verhält sich relativ zum Bewusstsein und hat außerhalb dieses Bewusstseins keine selbstständige Existenz. Also kann man die Vergangenheit korrigieren – es genügt, das Bewusstsein der Vergangenheit zu ändern, um Vergangenheit überhaupt zu verändern. Ich und noch ein paar Menschen brauchen bloß an meine Erstgeburt zu glauben, und schon werde ich wirklich der erstgeborene Sohn. Dies bedeutet keineswegs nur eine Änderung des Namens, es ist eine Änderung des Wesens der Sache, zumal es kein »Wesen« der Sache an sich gibt und somit nur die Folgen, die ein von mir angenommenes Wesen der Sache nach sich zieht. Wenn die

Folgen unserer Übereinkunft so sind, als ob ich wirklich der Erstgeborene wäre, dann ist die Behauptung, dass »dem Wesen der Sache nach« Esau der Erstgeborene sei und nur alle realen Erscheinungsformen dieses Wesens für die Erstgeburt Jakobs zeugten – eines dummen Scholastikers würdig. Es gibt kein Wesen, das sich nicht offenbarte. Selbst Hegel würde das später einmal beweisen, von den Positivisten, von Buridan bis Hume und Mill, ganz zu schweigen. Es ist doch lächerlich, zu behaupten, alles auf der Welt geschehe so, als wäre ich der Erstgeborene, während irgendwo, in einem unsichtbaren und völlig ohnmächtigen »Wesen« der Dinge, Esau als der Erstgeborene gälte. Wirklich, ich kaufe keinen Namen, ich *werde* der Erstgeborene und das für einen mäßigen Preis.

Da die beiden Brüder, obwohl von verschiedenen Gesichtspunkten ausgehend, dennoch zu übereinstimmenden Schlussfolgerungen gelangten und jeder meinte, ein gutes Geschäft zu machen, kam die Transaktion bald zustande. Der zufriedene Jakob gab seinem Bruder sogar noch ein Stück Brot mehr, bewies also nicht nur händlerische Redlichkeit, sondern auch Großmut.

Im Theoretischen war die Geschichte damit zu Ende. Aber sie zeitigte auch praktische Folgen. Jakob raffte den Besitz des Vaters zusammen und wurde als großer Führer unter dem veränderten Namen Israel der Vater eines ganzen Volkes. Nicht genug damit, er wurde auch der Vorfahre Davids und mit dessen Hilfe der Vorfahre Josefs und mit dessen Hilfe der Vorfahre des Gottessohns.

Und all das für eine Schüssel Linsen. Der naive Realist Esau enthüllte sich als unvernünftiger Träumer, der Idealist Jakob hingegen – als überaus praktischer Mensch.

Sobald die ersten Folgen des Handels sichtbar wurden, fing Esau an zu schreien und sich zu beklagen, der Bruder habe ihn hintergangen und betrogen. Natürlich hatte er Unrecht und wurde von den anderen zu Recht verlacht. Der Handel war in aller Offenheit vor sich gegangen, und die beiden Kontrahenten wussten genau, was sie verkauften oder kauften. Es hatte keinerlei Geheimnisse gegeben. Esau war der Betrüger, nicht Jakob. Esau hatte sich mit seiner Philosophie betrogen, die, im Widerstreit mit der Philosophie Jakobs, einfach nicht standhielt. Er tröstete sich zwar mit dem Gedanken, dass seine Philosophie in sich folgerichtig war, zumal »das Wesen« nicht angetastet worden sei und nur die praktischen Folgen sich als unvorteilhaft herausgestellt hätten, doch da er kein Pragmatiker war, konnte er auch die Philosophie nicht pragmatisch beurteilen, das heißt, nicht unter dem Gesichtspunkt des Vorteils, den die Annahme der einen oder anderen Doktrin bringt. Daher wurde er an seiner Weltauffassung nicht irre, auch wenn ihm das seinen Besitz nicht zurückbrachte.

Bei Jakob war die Sache umgekehrt: Sein Glaube an das von ihm vertretene philosophische System erstarkte, weil er seinen Wert mit Hilfe der in ihm selbst verankerten Kriterien beurteilt hatte: das heißt nach seinem Nutzen. So wirken die Lebenssituationen auf seltsame Weise auf die Philosophie ein.

Es lassen sich viele moralische Schlussfolgerungen aus dieser Geschichte ziehen, aber ich will nur die wichtigsten anführen und die, welche sich am meisten anbieten.

Erste Moral: Die Überzeugung, dass wir gut dabei fahren, wenn wir uns in »das Wesen der Dinge« vertiefen, beruht auf Übertreibung.

Zweite Moral: Aus einer kleinen Veränderung der Vergangenheit kann man viel Profit ziehen.

Dritte Moral: Nicht die Vergangenheit bestimmt die Zukunft, sondern umgekehrt.

Vierte Moral: Der Idealismus ist kein Feind des Handels.

Gott

oder Die Güte ist relativ

Diese Geschichte ist sehr kurz und einfach; sie bietet nur einen Ausgangspunkt, eine Frage und die Moral.

Der Ausgangspunkt:

Der Psalmist sagt vom Herrn (Psalm 136, 10 und 15): er habe Ägypten an ihren Erstgeburten geschlagen – denn seine Güte währet ewiglich; er habe Pharao und sein Heer ins Schilfmeer gestoßen – denn seine Güte währet ewiglich.

Die Frage:

Was denken Ägypten und der Pharao über die Barmherzigkeit Gottes?

Die Moral:

Barmherzigkeit und Wohltätigkeit kann es nicht für alle zugleich geben. Wenn wir diese Worte in den Mund nehmen, so lasst uns immer hinzufügen: für wen. Und wenn wir den Völkern Wohltätigkeit erweisen, so lasst sie uns auch fragen, wie sie über dieses Thema denken.

Beispiel: Ägypten.

Bileam

oder Das Problem der objektiven Schuld

Bileam, der Sohn Beors, unternahm im Auftrage Gottes in wichtigen Staatsgeschäften eine Dienstreise, und er ritt auf einer Eselin. Gott jedoch gefiel der Weg nicht, den er gewählt hatte, und er schickte einen Engel, um Bileam aufzuhalten. Er bewirkte jedoch, dass der Engel mit dem bloßen Schwert nur der Eselin sichtbar war – was übrigens häufig geschieht. Als sie das Hindernis sah, handelte die Eselin vernünftig und verließ den Weg; Bileam, der den Engel nicht sah, verhielt sich ebenfalls vernünftig und schlug sie mit dem Stock, um sie zur Rückkehr auf den Weg zu zwingen. Die Sache wiederholte sich dreimal, bis Gott schließlich der Eselin Sprache verlieh und sie laut schrie:

»Was habe ich dir getan, dass du mich geschlagen hast nun dreimal?«

Bileam, über ihre Sprache nicht sonderlich verwundert, denn zu jener Zeit geschahen noch ganz andere Dinge, erwiderte wütend:

»Du machst dich lustig über mich! Schade, dass ich kein Schwert habe, sonst würde ich dich anders hernehmen.«

Gott, der durch das Maul des einfachen und untertänigen Viehs sprach, zögerte lange, dem Reiter zu sagen, worum es gehe. Viel lieber stritt er mit Bileam herum, der schon weiß war vor Wut. Schließlich hatte er Mitleid mit beiden und machte den Engel auch für Bileam sichtbar. Und da begriff dieser die Situation sofort. Der Engel jedoch begann zu schimpfen:

»Warum schlugst du das unglückliche Tier? Diese Eselin«, schrie er, »rettete dir das Leben. Wäre sie weitergegangen, hätte ich dich mit diesem Eisen vernichtet, aber sie hätte ich leben lassen.«

»Gnädiger Herr«, verteidigte sich Bileam, »wie hätte ich dich sehen können, wo du mir gar nicht erschienen bist?«

»Ich frage dich nicht, ob du mich gesehen hast«, schrie der Engel, »ich frage dich, warum du das unschuldige Tier geschlagen hast?«

»Aber mein Wohltäter«, sagte stotternd Bileam, »ich schlug sie, weil sie mir nicht gehorchte, jeder andere hätte das getan an meiner Stelle.«

»Schiebe die Schuld nicht auf die ›anderen‹«, tobte der Engel weiter, »wir sprechen von dir und nicht von den ›anderen‹. Sie widersetzte sich dir, weil ich ihr das befahl. Indem du sie schlugst, widersetztest du dich mir, der ich dein Vorgesetzter bin, und auch Gott, der mich gesandt hatte und der ein noch höherer Vorgesetzter ist.«

»Aber verehrter, geliebter, geehrter Herr«, jammerte Bileam, »ich habe dich doch nicht gesehen, also wie konnte ich ...?«

»Du sprichst wieder über ein anderes Thema«, unterbrach ihn der Engel, »ihr seid alle gleich. Jeder sündigt und sagt, er habe nichts gesehen. Man müsste die Hölle schließen, wenn man solchen Ausflüchten Glauben schenken wollte. Du hast objektiv gesündigt, verstehst du? Du hast dich Gott objektiv widersetzt.«

»Ich verstehe«, sagte Bileam traurig und demütig. Er stand auf dem Weg, klein, fett, unglücklich und wischte sich den Schweiß vom kahlen Kopf. »Ich verstehe, ich bin ein objektiver Sünder, also überhaupt ein Sünder. Ich habe erstens gesündigt, weil ich dich nicht sah. Ich habe zweitens gesündigt, weil ich das unschuldige Tier schlug. Ich habe drittens gesündigt, weil ich entgegen Gottes Verbot weiterreiten wollte. Ich habe viertens gesündigt, weil ich mit dir stritt. Ich bin ein Gefäß der Sünde, unreiner Abfall, für den die Hölle noch eine Wohltat wäre. Ich habe sehr gesündigt, Herr. Habe Mitleid, Herr. Alles kommt von dieser verdammten Heftigkeit.«

»Na gut, hör schon auf mit deinen Rechtfertigungen«, brummte der Engel, schon ruhiger geworden, »reite jetzt weiter.«

»In welche Richtung, Herr?« fragte Bileam.

»In die gleiche, in die du rittest«, erwiderte der Engel.

Bileam stöhnte auf und weinte: »Du wolltest mich doch gerade aufhalten, Herr.«

»Das habe ich schon, und jetzt kannst du weiterreiten«, erwiderte der Engel.

»Wozu hast du mich dann angehalten, Herr?«

»Hör auf zu philosophieren, Sünder, Gott wollte es so.«

Resigniert setzte Bileam sich auf die Eselin, die sogleich lostrottete und sagte:

»Im Endeffekt bin ich die am meisten Geschädigte; mein Herr hat lediglich eine moralische Unannehmlichkeit erfahren, aber mir tut der Buckel weh.«

Dann entfernten sich die beiden.

Diese Geschichte lässt viele moralische Schlussfolgerungen zu, aber wir werden nicht alle anführen. Es muss nur Folgendes erwähnt werden: Wäre der Engel für Bileam sichtbar gewesen, hätte dieser die Eselin gewendet, die sicher gehorsam vom Wege abgewichen wäre. Aber dann hätte er keine verdienstvolle Handlung begehen können – denn was ist es für ein Verdienst, einem sichtbaren Hindernis auszuweichen? Ein Verdienst ist es nur, einem unsichtbaren auszuweichen. Das jedoch wollte er eben nicht tun.

Erste Moral: Schätzen wir die Stimme eines Tieres nicht gering – denn es weiß gelegentlich etwas besser als wir.

Zweite Moral: Unwissenheit ist eine Sünde, und indem wir uns mit Unwissenheit rechtfertigen, fügen wir den alten Sünden eine neue hinzu.

Dritte Moral: Es spricht gegen den gesunden Menschenverstand, den gesunden Menschenverstand zum Streit mit dem absoluten Verstand zu benutzen.

Vierte Moral: Von der objektiven Schuld kann uns nicht einmal Gott befreien.

Fünfte Moral: So sind die Folgen, wenn zwei sich vernünftig verhalten, aber jeder von anderen Voraussetzungen ausgeht.

König Saul

oder Zwei Arten der Lebenskonsequenz

Die Natur vereinigt Charakter und Intellekt nur selten in einer Person. Diese Vorsicht ist wohlbegründet, und sie könnte zur Bewunderung der Weisheit des Schöpfers verführen, wenn es nicht noch so viele andere Gesetze gäbe, die das Fundament seiner Welt ausmachen. Hier geht es jedoch um das Gesetz, das wir loben.

Eine Variante davon ist die Neigung der Natur, nur selten weiten geistigen Horizont und allgemeine Intelligenz in einem militärischen Talent zu vereinigen. Das ist verständlich, denn es handelt sich um gegensätzliche Eigenschaften. Leicht einzusehen ist es in der Tat, dass die Tugend eines militärischen Führers darin besteht, nur innerhalb der Grenzen eines Befehls Selbstständigkeit zu zeigen. Jeder Befehl lässt für unvorhergesehene Ereignisse einen gewissen Spielraum, den der Befehlshaber möglichst geschickt nutzen muss, um das Befehlsziel zu erfüllen. Aber verloren ist der Befehlende, wenn er anfängt, über etwas nachzudenken, das außerhalb des Befehls liegt, zum Beispiel über das allgemeine Ziel, dem sein Befehl dient. Für ihn liegt ein Wert darin, den Gesichtskreis zu beschränken. Ein zu intelligenter Offizier, der eine bestimmte Aktion unternehmen soll, wird bei dieser Gelegenheit womöglich den ganzen Krieg gewinnen oder gar die Menschheit befreien wollen: Die Folge davon ist, dass seine Aktion misslingt, er das kleine Gefecht verliert. Die Intelligenz hat nämlich die natürliche Neigung, ständig die Grenzen zu überschreiten, die sie sich selbst setzt oder die ihr andere gesetzt haben; sie sucht Gesichtspunkte miteinander zu konfrontieren, die Daseinsberechtigung von Meinungen zu untersuchen, welche Entscheidungen oder Befehlen zuwiderlaufen, die schon ausgesprochen wurden. Subordination und strenge Ordnung verträgt sie nur schlecht, und im Gleichschritt zu gehen, hält sie für unwürdig. Als Folge davon können aus ihr genauso leicht Deserteure entstehen wie aus schwachem Charakter. Zur Natur des militärischen Talentes gehört die Begabung, die Ziele, die man erreichen will, genau zu begrenzen.

Das ist die wichtigste Moral, die sich auch der Geschichte von Größe und Fall des Königs Saul ergibt – eines der ergreifendsten Kapitel der Heiligen Schrift.

Saul war anscheinend der ideale Feldherr. Dieser Sohn eines armen Hirten aus dem Geschlecht des Benjamin, der durch den Willen der Vorsehung die Königswürde erhielt und lange seiner bäuerlichen Manieren und seines einfachen Umgangs wegen verlacht wurde, hatte es dank Bescheidenheit, Ausdauer und eisernem Willen schließlich zu allgemeiner Anerkennung gebracht. Einige gelungene militärische Operationen verschafften ihm den Ruf eines glänzenden Strategen, und die Tatsache, dass Saul den eigenen Sohn zum Tode verurteilte, als diesen die Mitschuld an einer zeitweisen Niederlage im Kampf traf – sicherte ihm die allgemeine Bewunderung des Volkes. Erst dessen Stimme rettete den jungen Jonathan vor der väterlichen Strenge. Der unbescholtene Feldherr Saul war sich klar darüber, dass das Schicksal der Welt an der Befolgung von Befehlen hängt, die von einer höheren Stelle gegeben werden. Er, Saul, empfing sie von Gott durch Vermittlung Samuels, eines Mannes großer Weisheit, der ihm an Alter überlegen war. Wenn er einen Befehl entgegennahm, kannte Saul, der ein einfacher Mensch war, keine Furcht und keine Skrupel: Er war glücklich, dass seine Tätigkeit fest umrissene *Grenzen* besaß, innerhalb derer alles erlaubt war, die man jedoch nicht überschreiten durfte.

Nun, eines Tages geschah Folgendes: Gott erinnerte sich, dass die Amalekiter vor einigen Jahrhunderten seinem Volk bei dessen Auszug aus Ägypten entgegengetreten waren. In der menschlichen Erinnerung war dieses Ereignis längst verblasst, aber Gott bewahrte in solchen Dingen ein erstaunliches Gedächtnis. Mit der damaligen Niederlage des Feindes nicht zufrieden, wollte er diesen noch einmal treffen und befahl Saul, die Stadt zu überfallen und mitleidlos alle Lebewesen niederzumachen – Männer, Frauen, Kinder, Säuglinge, Ochsen, Schafe, Kamele und Esel.

Saul ging munter ans Werk, und er hätte den Auftrag gewiss tadellos ausgeführt, wenn er nicht einem kleinen Hindernis begegnet wäre. Samuel, sein Erzieher, hatte nämlich kurz vorher den dringenden Wunsch verspürt, das Niveau des Königs zu heben, und dessen Geist mit Philosophie infiziert. So hatte er ihm außer konkreten Befehlen auch das allgemeine Bewusstsein in den Kopf gesetzt, er müsse sich bemühen, zum Wohl seines Volkes, seines guten Namens und seiner materiellen Macht zu handeln. Samuel verdarb Saul also mit der Doktrin, das heißt mit einem allgemeinen Grundsatz, aus dem nichts Konkretes entspringt, weil jeder ihn auf seine Weise interpretiert. Er impfte dem König philosophische Ambitionen ein, die ihm zum Verhängnis werden sollten.

Nachdem die Krieger Sauls nämlich die gesamte amalekitische Bevölkerung getötet hatten, führten sie den Fürsten Agag als Gefangenen vor ihn. Saul begann zu philosophieren: »Es wäre einfach, den Fürsten zu töten, ich habe ihn in der Hand. Er ist jedoch allein, mithin ungefährlich. Meine Aufgabe besteht darin, für das Wohl meines Volkes zu sorgen. Schone ich den Gefangenen, sichere ich meinem Volk den Ruhm der Großzügigkeit und des Erbarmens, der wertvoller ist als das Leben eines Fürsten.«

So schonte er Agag im Namen des Volkes und entgegen Gottes Befehl. Daneben beging er eine zweite Sünde. Vom dauernden Krieg erschöpft, ging es dem Volk Israel in materieller Hinsicht recht schlecht: Die Herden waren zusammengeschmolzen und die

Aussichten der Viehzucht für die nächsten Jahre geradezu kläglich. »Zum Wohl meines Volkes werde ich das wertvollste Vieh – Schafe, Stiere, Esel – schonen und mit ihnen unsere Herden auffrischen«, dachte Saul und handelte auch so. Auf diese Weise überschritt er seine Rechte ein zweites Mal im Namen eines Gesetzes, das ihm sein Lehrmeister eingeimpft hatte. Er tat das übrigens auch unter dem Druck der öffentlichen Meinung und der offenbaren Interessen des Volkes. Einen Großteil des erbeuteten Viehs bestimmte er übrigens für das Opfer, welches er Gott darbrachte. Das Donnerwetter ließ nicht auf sich warten. Gott war böse auf Samuel, als ob dieser die Schuld an allem trüge, und Samuel wiederum hielt sich für diese Erniedrigung an Saul schadlos.

»Gott sieht lieber Gehorsam als Opfer«, sagte er nachdrücklich, »und er verlangt, dass man konkrete Befehle ausführt und nicht allgemeine Gesetze auf eigene Faust interpretiert.«

»Ich bin der Stimme des Volkes gefolgt und wollte ihm einen Gefallen erweisen«, erklärte Saul unsicher.

Samuel lachte bitter. Er ließ den geretteten Fürsten Agag herbeiholen und trennte ihm mit einem scharfen Messer nacheinander die einzelnen Körperteile ab – Füße, Beine, Hände, Arme, Kopf –, wodurch Agag der Prämissen für eine Fortsetzung des Lebens hienieden verlustig ging und sich in jene andere Welt versetzt sah, wo man selbst in Atome zerstückelt noch leben kann. Dann ließ Samuel das gerettete Vieh vernichten.

Samuel hatte diese Arbeit nicht leichten Herzens übernommen. Er wusste, dass damit die Karriere seines Lieblingsschülers zu Ende war: Er hatte sie selber vernichtet; auch wenn Samuel von Natur aus nicht grausamer war als Saul, wusste er doch genau, was ein *militärischer Befehl* ist, und war sich dessen bewusst, dass die Abänderung eines Befehls aus philosophischen Gründen dasselbe bedeutet, wie dem allerhöchsten Vorgesetzten zu erklären, man kenne Philosophie und Taktik besser als er. Dabei ist der Wille des allerhöchsten Vorgesetzten die einzige Quelle der Philosophie, und im Namen der Philosophie die Befehle zu durchbrechen, bedeutet also, im Namen des Willens des Vorgesetzten dem Willen des Vorgesetzten Widerstand zu leisten, das heißt, in einen inneren Widerspruch zu geraten. König Saul wurde deshalb, infolge seines Verhaltens, zu einem innerlich widersprüchlichen Objekt, war überhaupt undenkbar, eine reine Fiktion. Er hatte sich selbst zerstört, und es erstaunt nicht weiter, dass er als König zu existieren aufhörte. Samuel war nach dieser Niederlage lange Zeit verzweifelt, denn er hatte viel Mühe und Schwung in Sauls Erziehung investiert – er sah jedoch ein, dass dieses Ende unvermeidlich gewesen war. Niemand hatte Sauls Existenz zerstört, er hatte sie selbst zunichte gemacht, als er seine Grenzen im Namen der gleichen Gesetze überschreiten wollte, auf Grund derer ihm gerade diese Grenzen vorgezeichnet worden waren. Er hatte einen Mechanismus von Widersprüchen in Gang gebracht, der ihn schließlich zerrieb.

Die Moral dieser Geschichte? Sie ist schon formuliert worden, aber sie lässt sich auch so ausdrücken: Man kann konsequent nach einem Befehl handeln oder konsequent nach einer Doktrin, nicht immer jedoch nach beiden gleichzeitig.

Rahab

oder Die wirkliche und die vermeintliche Einsamkeit

Das Buch Josua berichtet von der bekannten Spionage-(Sittlichkeits-, Musik-, Mord-)Affäre, die sich in der Stadt Jericho zutrug. Josua erhielt nämlich von Gott die Zusicherung, dass er die Stadt Jericho sowie anderes Gebiet erobern werde. Aus unerfindlichem Grund gab sich Josua jedoch mit diesem Versprechen nicht zufrieden – obwohl er sich wahrlich in der Gewissheit des Sieges hätte schlafen legen können –, sondern schickte, bevor er mit der Belagerung begann, auf alle Fälle zwei Agenten der Abwehr in die Stadt, die, wie immer in solchen Fällen, reichlich mit dortiger Valuta versehen waren. Es handelte sich um zwei junge, recht fixe, aber etwas leichtsinnige Burschen. Kaum hatten sie die Stadt betreten, als sie schon beschlossen, sich die verschiedenen Freuden der Zivilisation, die sie im Militärdienst entbehren mussten, nicht entgehen zu lassen; da sie nicht wenig Bargeld in der Tasche hatten, zogen sie abends auf der Suche nach Häusern mit roten Laternen durch die Straßen. Es gab deren einige, zumal sich diese Stadt eines hohen kulturellen Niveaus rühmte. Bald fanden sie das gesuchte Ziel und gerieten, von überirdischer Intuition geleitet, zu einer gewissen Dame, Rahab mit Namen. Es war dies eine Person von schlechter Lebensführung, denn sie verdiente ihren Unterhalt durch den Verkauf ihrer körperlichen Reize. Leider waren diese Reize nach und nach im Erlöschen, weshalb die dicke Rahab, eine schon ältliche Person, nach niedrigerem Tarif und für ärmere Klienten arbeitete, wobei sie von Mal zu Mal weniger verdiente. Die beiden Burschen waren aber nach dem schweren Lagerleben nicht besonders wählerisch und fanden Gefallen an der verblühenden Hetäre. Als sie jedoch ein wenig getrunken hatten, fingen sie an, sich zu brüsten, und redeten von ihrem Spionageauftrag. Zu spät kam ihnen zum Bewusstsein, was sie getan. Rahab hatte sie in der Hand. Sie flehten sie an, Mitleid mit ihnen zu haben, aber Menschen von Rahabs Gewerbe erfahren selbst zu wenig Mitleid, als dass sie es anderen gewähren könnten. Rahab überlegte rasch: »Es ist fast gewiss, dass der Feind die Stadt besetzen wird, denn ich weiß, er hat Gott zum Bundesgenossen. Das ist der Ausgangspunkt. Und jetzt die Alternative: Entweder ich verrate die Spione an die Polizei, mache mich dadurch beim Fürsten verdient und erweise der Stadt Treue, werde aber beim Einzug der Feinde vernichtet. Oder ich verstecke die beiden bei mir und verlange von den Okkupanten später Schutz, riskiere aber bis zu ihrer Ankunft das Leben. Zwar verrate ich, dadurch, dass ich ihre Feinde verstecke, die Stadt und den Fürsten, aber vielleicht sollte ich mir diese Skrupel schenken: Bin ich meiner Heimatstadt, die mir immer ins Gesicht spuckte und die mich, selbst wenn sie gerettet wird, in einigen Jahren hungers sterben lässt, überhaupt etwas schuldig? Ich lebe hier ohnehin verlassen wie in einer leeren Stadt. Die Gewissensbisse der Moralisten kann ich außer Acht lassen. Also kann ich nur wählen zwischen einem möglichen Tod im Lauf der nächsten Wochen und dem sicheren Tod nach der Eroberung der Stadt. Das ist keine leichte Wahl, denn der sichere Tod hat den Vorteil, dass es damit noch eine Weile Zeit hat, und den möglichen Tod riskiere ich schon in diesem Augenblick. Zwischen dem ungewissen Bösen jetzt und dem sicheren Bösen in der Zukunft kann man nicht vernünftig wählen. Ich wähle blind: Ich werde die Spione retten. Einige Wochen Angst, aber dann – was für ein Leben! Pelze, Geschmeide, jeden Tag Halwa, Opernbesuche –, und vielleicht wird einer ihrer Führer mich heiraten? Für diese Barbaren bin ich noch gut genug!«

Nach diesen Überlegungen schloss Rahab mit den Spionen einen Vertrag: Sie ist bereit, sie zu verstecken und ihnen dann zur Flucht zu verhelfen, wenn die beiden dafür sie und ihre Familie nach der Einnahme der Stadt durch Josua retten würden. Man einigte sich auf Erkennungszeichen, und so schloss der die Spionage und die Sitten betreffende Teil der Geschichte.

Dann begann der musikalische Teil. Gott hatte sich den Plan der Belagerung der Stadt genau ausgedacht, und Josua beachtete die Instruktionen gewissenhaft. Statt, wie der gesunde Menschenverstand es geraten hätte, die Stadt mit Belagerungsmaschinen und Geschützen zu umschließen, stellte er ein Blasorchester aus Geistlichen zusammen und befahl ihm, die Stadtmauern entlangzuschreiten und Militärmärsche zu spielen. Hinten trug man einen Versöhnungsbogen, vorn marschierte Militär. Die Priester bliesen sieben Tage lang Posaune, sie waren völlig erschöpft, und die meisten zogen sich Halsentzündungen und Lungenerweiterungen zu, denn Priester sind schließlich auch Menschen. Die Soldaten murrten und waren unzufrieden, denn sie glaubten, der Befehlshaber wolle sie der Lächerlichkeit preisgeben. Die Jerichoer auf den Mauern lachten die Feinde aus und hielten sie für verrückt. Am siebenten Tag blies das Orchester mit solcher Kraft, dass den Priestern die Augen aus den Höhlen traten. Zugleich brüllte die Armee auf Befehl so laut auf, dass die Mauern der Stadt auf wunderbare Weise zu Boden stürzten und wie Staub auseinander fielen.

Jetzt begann der Mordteil der Geschichte: Die Krieger drangen auf Befehl Gottes in die Stadt ein und mordeten dort, wie die Schrift berichtet, »Männer, Frauen, Jung und Alt, Ochsen, Schafe und Esel«. Die Schätze kamen in die Hände der Priester, und die Stadt wurde mit Ausnahme eines einzigen Hauses niedergebrannt. Das war das Haus Rahabs. Die Armee hielt ihr Wort: Sie verschonte Wohnung, Möbel und Familie der Dirne. Einige Offiziere hatten es zwar auf ihre Tugend abgesehen, aber Rahab beschwerte sich bei der Armeeführung und wurde entschädigt. Dann zogen die Truppen ab, und Rahab warf sich weinend zu Boden. Sie blieb in der menschenleeren Stadt, wohnte in dem einzigen Haus, das zwischen all den Trümmern erhalten geblieben war. Allein mit den Leichen, mit Staub und Brandgeruch, ohne Freunde, Fürsorge und Kunden. Niemand schenkte ihr Pelze, Schmuck oder Halwa, niemand lud sie zum Opernbesuch ein; kein Offizier wollte sie heiraten. Es gab nichts, außer einem einsamen, leeren Leben inmitten von Wüste. Das war das Ende.

Eines fällt an dieser Geschichte vor allem auf: Es ist in physikalischer Hinsicht eine Unmöglichkeit, dass Feldgeschrei und der Klang von sieben Posaunen eine Stadtmauer zum Einsturz bringen, also muss es sich um ein Wunder gehandelt haben. Wenn aber Gott auf jeden Fall ein Wunder zu vollbringen hatte, weshalb hat er dann einer ganzen Armee befohlen, sich eine Woche lang zu quälen und lächerlich zu machen, und die Priester gezwungen, ihre Gesundheit zu ruinieren und ihre Autorität im Volk aufs Spiel zu setzen – denn wer wird schon Priester achten, die in einer Blaskapelle spielen? Wozu?, frage ich und finde dafür zwei mögliche Erklärungen:

Entweder liebt er Militärmärsche so sehr, dass er plötzlich Lust verspürte, möglichst viele zu hören, oder die Sache war einfach ein *acte gratuit*, ein rein surrealistischer Scherz, den er sich mit seinen Geschöpfen erlauben wollte. Im zweiten Fall hätte er eine Menge Humor bewiesen, doch da ich seinen

Charakter zu kennen glaube, kommt mir das Erstere wahrscheinlicher vor. Wie schade ... so ein Geschmack bei so großen Möglichkeiten!

In der Tat – auch später scheute er keine Mühe, um in den Genuss so vieler Militärmärsche wie möglich zu kommen. Er hat bis heute nicht genug davon.

Hier einige moralische Schlussfolgerungen aus dieser Geschichte:

Erste Moral, die Situation Rahabs betreffend:

Um bei einem großen Zusammenstoß seinen Kopf zu retten, reicht die körperliche Prostitution nicht aus.

Zweite Moral, die Situation der Spione betreffend:

Der Finger der Vorsehung vermag den Menschen an die sonderbarsten Orte zu führen, aber es steckt immer ein geheimer Grund dahinter, der für das Wohl der Menschheit von Bedeutung ist.

Dritte Moral, die Situation Rahabs betreffend:

Behaupten wir nicht so voreilig, wir seien »einsam unter der Menge«. Wenn wir einmal wirklich einsam sind, wird uns der Unterschied klar.

Vierte Moral, die allgemeine Situation betreffend:

Posaunen wir, posaunen wir – vielleicht geschieht ein Wunder.

Hiob

oder Die Widersprüche der Tugend

Die Geschichte des frommen Hiob hat ihren »Prolog im Himmel«, der dem »Prolog im Himmel« aus Goethes *Faust* äußerst ähnlich ist. Er spielte sich so ab:

In der höchsten Sphäre des Himmels gab es eine elegante Bar, wo Jehova die Berichte seiner Erdenkundschafter entgegenzunehmen pflegte und in der auch der Teufel hin und wieder erschien. Diese Bar trug den neckischen Namen COCOFLI, der sich aus den Abkürzungen verschiedener Namen zusammensetzt, welche die Grade der Beziehungen zwischen den beiden Konkurrenten bezeichnen : Coexistence-Co-Operation-Friendship-Love-Identity. Einmal geschah es, dass Jehova dort saß und sein geliebtes Getränk, Mineralwasser, trank, als der Teufel hereinkam und den Barkeeper um einen Kognak bat. Der Teufel rauchte eine Weile schweigend vor sich hin, wobei er scheinbar achtlos Schwaden beißenden Zigarettenrauches Jehova ins Gesicht blies, der rot vor Wut nach Luft rang. Dann sagte er mit gespielter Gleichgültigkeit zum Barkeeper: »Wissen Sie, ich komme gerade mit guten Nachrichten von einem Spaziergang auf der Erde zurück. Gute, von meinem Gesichtspunkt aus«, fügte er gleichmütig hinzu.

»Hm«, brummte der Barkeeper, der Neutralist war.

»Ja«, fuhr der Teufel fort, »ganz gute Nachrichten.

Ein gewisser Pfarrer, der sonst sehr fromm ist, betrügt systematisch seine Frau, und es sieht ganz so aus, als würde er unser Klient werden.«

Jehova rutschte unruhig hin und her und schob sein Glas von sich.

»Ein junger Fährmann vom Ufer des Tigris«, fuhr der Teufel fort, »hat Vater und Mutter erschlagen, danach aß er Schweinefleisch und trank Milch dazu. Ein sicherer Fall.«

Jehova schlug zitternd vor Wut mit der Faust auf den Tisch.

»Eine alte Fischersfrau«, sprach der Teufel vor sich hin und tat, als ob er die Erregung seines Rivalen nicht bemerkte, »hat nach dem Verlust ihres Sohnes Gott gelästert und die Befehle Jehovas verflucht. Die haben wir eigentlich schon in der Tasche.«

Da konnte Jehova nicht mehr an sich halten. Er warf lärmend den Tisch um und stand auf. Wütend schrie er: »Und Hiob, hast du den gesehen?«

Der Teufel drehte sich mit dem Ausdruck artigen Erstaunens um. Sie standen einander gegenüber – Jehova, riesengroß, breitschultrig, mit mächtigem Schopf, bäuerlich einfach gekleidet, und der Teufel, niedrig, elegant, mit schmalem, intellektuellem Gesicht und einem glänzenden Brillanten am Finger.

»Hiob?«, fragte er mit nachsichtiger Höflichkeit, »ja, ich hab ihn gesehen. Ein braver Bursche, aber nicht sehr aufgeweckt.«

»Vielleicht hast du auch auf ihn Appetit«, höhnte Jehova.

»Na, hat er wen umgebracht? Oder hat er vielleicht gelästert?«

Der Teufel verbeugte sich lächelnd.

»Nein, dieser Hiob ist dein bester Diener, ein Muster an Frömmigkeit. Er zittert aus Furcht vor dir, und in unserem bescheidenen Büro hat er nicht einmal ein Konto. Er tut nichts Böses, denn er hat keinen Grund dazu: Es geht ihm ausgezeichnet, er verwaltet seinen riesigen Besitz und verbringt seine Tage bei absolut koscheren Gelagen. Warum sollte er lästern?«

»Na siehst du«, triumphierte Jehova, für den die Ironie des Satans zu fein gesponnen war, »und du brüstest dich, als hättest du schon die ganze Welt erobert.«

Ein Schatten von Missbehagen huschte über das Gesicht des Teufels. »Klären wir die Sachlage«, sagte er ruhig, »ich gebe zu, du hast die Menschen höchst unvorteilhaft für dich – also höchst edelmütig – zwischen uns aufgeteilt. Du hast mir, von einem einzigen Volk abgesehen, praktisch die ganze Menschheit zur Verfügung gestellt und dem Volk, das du dir auserwähltest, befohlen, die übrigen zu vernichten, wodurch die Angehörigen dieser anderen Völker sich schnell und in größter Menge in eine ... hm ... bessere Welt begeben und meine Hotels bevölkern. Überdies hast du die menschliche Natur so geschaffen, dass Güte im Allgemeinen mit Erfolg gekoppelt ist und die schweren Lebensverhältnisse zu Verbrechen treiben. Zugleich hast du den Menschen jedoch die schlimmsten Existenzbedingungen geschaffen, die man sich vorstellen kann, weshalb die überwiegende Mehrzahl von ihnen bis an die Ohren in Betrügereien, Diebstählen, Intrigen steckt und voller Neid und blindem Begehren ist, ganz zu schweigen vom Ehebruch, der angesichts der übrigen Sünden schon gar nicht mehr zählt. Bitte beachte, dass ich diese Beschaffenheit der Welt keinesfalls kritisiere und auch nicht untersuche, ob sie aus Absicht oder aus Unfähigkeit so gemacht wurde – ich stelle nur fest. Unter diesen Umständen hat nur ein verschwindend kleiner Teil der Menschheit die Chance, in deine wundervollen Gemüsegärten zu gelangen, die nach Milch und Mais duften und von süßen Flötentönen erfüllt sind – dieser kleine Teil, der aus jenen besteht, die so zufrieden sind, dass sie keinen Grund haben zu sündigen, und jenen, die aus Angst vor dir keinen Mut haben, Verbrechen zu riskieren. Außer wenigen Ausnahmen bestehen deine Leute also aus Feiglingen und Satten. Hiob ist satt, und ich zweifle nicht daran, dass er dir so lange treu bleibt, wie er satt ist. Nimm ihm den Wohlstand, und du bereicherst meine Register um eine Seele.«

Jehova, der mit wachem Misstrauen zuhörte, begriff von der ganzen Rede des Satans nur den letzten Vorschlag und rief sofort mit geheuchelter Selbstsicherheit: »Bitte sehr! Mach, was du willst mit seinem Besitz, seiner Familie und seinem Haus, nur ihn selbst darfst du nicht antasten. Du wirst sehen, dass nichts seine Treue erschüttert!«

»Ausgezeichnet«, erwiderte der Teufel fröhlich und trank ein viertes Glas Kognak, »aber nur unter der Bedingung, dass du ihm nicht hilfst.«

Die Abmachung wurde getroffen. Jehova kehrte an seinen Tisch zurück und der Teufel auf die Erde. Er ging an die Arbeit und bewirkte mit Leichtigkeit im Verlauf eines Tages, dass die Sabäer Hiobs Esel und Ochsen raubten und einen Teil seiner Sklaven umbrachten.

Er bewirkte ferner, dass die Chaldäer seine Kamele entführten und einen weiteren Teil der Sklaven mordeten.

Er vernichtete mit Blitzschlägen die Schafe Hiobs und den Rest seiner Sklaven.

Er ließ weiterhin seine zehn Kinder umkommen.

Jehova blickte auf dieses Beginnen herab und lächelte schlau. »Ich werde Recht behalten«, murmelte er, denn auch nach diesen Ereignissen noch beugte Hiob die Knie und pries Gott. Er sprach laut von der Gnade Jehovas.

Am nächsten Tag kam es in der Bar COCOFLI zu folgendem Gespräch. Jehova rief laut im stolzen Gefühl eines Triumphs: »Na, bitte! Hab ich's nicht gesagt? Wo sind jetzt deine dummen Theorien, die übrigens sowieso niemand versteht? Wer hat Hiob, haha! Du nicht! Es tut gut, zu sehen, wie Hiob mich preist. Nein, mein Lieber, du hast dich verrechnet. Treue ist Treue, da gibt's nichts. Du kannst vor Wut platzen, Hiob gehört mir.«

»Wie ich schon bemerkte«, sagte müde der Teufel,

»lehrt die Erfahrung, dass deine Menschen, von wenigen Ausnahmen abgesehen, Satte und Feiglinge sind. Hiob war dir treu als Satter, jetzt ist er dir treu als Feigling. Er fürchtet dich zu sehr, um dich zu schmähen. Ich gebe zu, ich habe die Größe seiner Feigheit unterschätzt. Aber dieser Rest an Geduld wird schwinden, wenn wir ihm direkt auf den Leib rücken.«

»Bitte sehr«, rief Jehova und rieb sich die Hände. Dann schlug er mit solcher Macht auf den Tisch, dass der Becher mit dem Mineralwasser umfiel. »Mach mit ihm weiter, was du willst, nur töte ihn vorläufig noch nicht.«

Der Teufel kehrte unverzüglich auf die Erde zurück und infizierte Hiob mit einer unangenehmen Hautkrankheit, auf die er noch eine Menge anderer Krankheiten folgen ließ, die nicht weniger unangenehm waren: Krankheiten des Darms, der Nieren, des Herzens, der Lungen, der Gelenke und des Rückenmarks. Schmerzgekrümmt lag Hiob auf den Trümmern seines Hauses und pries auch in Unglück und Verzweiflung weiterhin Gott. Seine Frau stand neben ihm und warf ihm schreiend die sinnlose Frömmigkeit vor: »Das hast du nun von deinem Jehova, und du preisest ihn noch! Gleich wirst du sterben, und du weißt genau, dass alle Erzählungen von einer anderen Welt Märchen sind. Wenn es wirklich eine andere Welt gibt, so ist sie nicht besser als diese. Genug! Verfluche wenigstens deinen Gott, so viel du kannst!«

»Du bist dumm«, stöhnte Hiob und hob mühsam das Haupt. »Unsere Moral besteht darin, Gott nicht nur für das Gute, sondern auch für das Böse zu danken, das er uns schickt. Sonst hätten wir kein Verdienst: Dankbar sein für das Gute, das man ihm antut, kann jeder Schuft. Ich aber bin stolz darauf, dass ich Gott für mein Unglück preise. Ich werde nicht lästern; ich werde meinem Herrn die Treue bewahren, zu der ich mich verpflichtet habe.«

»Aber wozu!«, rief die Frau.

»Ich sagte schon, um meine Verpflichtung zu erfüllen.«

»Aber wenn Jehova, dem du Treue geschworen hast, sich als böse erweist, hilfst du mit deiner Treue zu ihm dem Bösen.«

»Das ist unwichtig«, erwiderte Hiob. »Ich bleibe nicht deswegen treu, um Gutes zu tun, sondern um treu zu bleiben. Das Mittel und das Ziel sind hier identisch.«

Der Teufel hörte sich dieses Gespräch mit traurigem Lächeln an und kehrte in die Bar zurück, wo er von einem strahlenden und freudeerfüllten Jehova erwartet wurde. »Siehst du, siehst du!«, rief Jehova, »du philosophierst, deutelst herum, aber der einfache Mensch weiß ganz genau, was er zu machen hat, und hört nicht auf dein dummes Geschwätz.«

»Es sieht so aus, als hätte ich meine Wette verloren«, sagte der Teufel ruhig, »aber der Wert deines Sieges ist recht zweifelhaft. Das sieht man an drei Umständen:

Erstens stößt dein Sieg meine Doktrin in Wahrheit nicht um: Ich sagte nämlich, dass es einige wenige Ausnahmen gibt, Menschen, die dir um der Treue selbst willen treu sind. Aber mein Rationalismus befiehlt mir natürlich, es nicht bei der Behauptung bewenden zu lassen, es gebe Ausnahmen. Ich muss auch die Ursachen dafür erkennen können. Die Menschen verhalten sich normalerweise irrational: Du müsstest das übrigens wissen, denn du hast sie ja selbst so konstruiert. Jedoch gehorcht ihr Verhalten gewissen Gesetzen und ist somit meistens vorauszusehen: Sie reagieren auf Ereignisse, wie es den Bedürfnissen ihres Körpers entspricht. Bezeichnen wir solches Verhalten, ich meine das Verhalten, das der jeweiligen Lebenssituation entspricht, ruhig mit dem vagen Ausdruck ›rational‹. So betrachtet, das gebe ich gern zu, habe ich im Falle Hiob die Rationalität des menschlichen Verhaltens überschätzt. Es stellte sich heraus, dass er sinnloser reagiert, als ich dachte. Infolge seiner Gedankenlosigkeit hast du diesen kläglichen Erfolg erzielt. Hiob glaubte an die eiserne Macht des Gesetzes der Treue und beschloss, seinem früheren Beschützer auch treu zu bleiben, als dieser sich in einen Henker verwandelte. Meiner Meinung nach ist das der Gipfel extrem irrationaler Verhaltensweise – aber meine Kenntnis der Welt rechnete mit solcher Möglichkeit. Ich habe im Hinblick auf diesen Einzelfall einen Irrtum begangen, aber mein Bild von der Wirklichkeit muss ich deswegen nicht verändern.

Zweitens ist mir eine bescheidene Genugtuung durch die Tatsache zuteil geworden, dass Hiob dir zwar treu blieb, seine Frau dich jedoch mit einer Flut blasphemischer Ausdrücke bedachte. So habe ich immerhin eine Seele gewonnen.

Drittens schließlich wurden die Vertragsbedingungen nicht erfüllt, denn du hast deinem Diener insgeheim geholfen, in Geduld und Tugend auszuharren.«

»Wieso habe ich ihm dabei geholfen?«, rief Jehova.

»Natürlich«, sagte der Teufel, »wenn du etwas anderes behauptest, verfällst du in Häresie, Molinismus oder Pelagianismus, die sonst für mich charakteristisch sind. Theologisch gesehen, ist es ganz sicher, dass Tugend ohne deine Teilnahme unmöglich ist. Falls dich das Werk des heiligen Augustinus über den ›freien Willen‹, das recht zweideutig ist, noch nicht davon überzeugt hat, so nimm die Beschlüsse des Tridentiner Konzils vom Bücherbord und lies den Abschnitt ›De iustificatione‹.«

»Ich kenne mich in Theologie-Fragen nicht sehr gut aus«, gestand Jehova unsicher, »und ich verstehe, ehrlich gesagt, diese ganzen Diskussionen überhaupt nicht. Natürlich will ich nicht in Häresie verfallen. Aber schließlich: Wenn ich ihm geholfen habe, so hast du das Gleiche doch auch getan, nur in umgekehrter Richtung.«

»Oh nein«, erwiderte der Teufel, »ich habe nur die äußeren Umstände herbeigeführt, die Hiob zur

Sünde verleiten sollten. Aber der Wert der Tugend und ihr Verdienst beruhen eben darauf, dass man die Tugend unter beliebigen äußeren Umständen praktiziert. Die scheinbare Leichtigkeit meiner Aufgabe auf der Welt besteht darin, dass ich nur die objektiven Bedingungen schaffe, unter denen die Menschen schon auf Grund ihrer eigenen Neigung sündigen. Die scheinbare Schwierigkeit deiner Rolle besteht darin, dass du sie durch geistige Mittel von innen heraus gegen die äußeren Umstände gefeit machen musst. Aber meine Aufgabe ist schwerer, weil ich in der Welt materieller Dinge agiere, um etwas Böses in der geistigen Sphäre zu erreichen – und also die Gesetze von Ursache und Wirkung zwischen der materiellen und geistigen Wirklichkeit kennen muss, um die letztere durch mittelbare Einflüsse zu beeinflussen. Du hingegen wirkst direkt in den Seelen, hast somit unmittelbaren Kontakt mit dem Material, das du bearbeitest. Wenn ich dennoch solche Erfolge erziele und wenn – wie du selbst in einer deiner Schriften feststellst – der Weg der Vernichtung, der Weg zu meinem Reich, breit und umfassend ist und der Pfad der Erlösung schmal und nur wenigen Menschen zugänglich – so zeugt das davon, dass ich mein Handwerk gut beherrsche. Und doch hast ja du die Welt eingerichtet und nicht ich. Ich schreibe meine Erfolge übrigens lieber deiner Großmut zu als deiner Unfähigkeit oder meiner eigenen Arbeitsfähigkeit. Deswegen quäle ich dich nicht länger und überlasse dir die Seele Hiobs ohne

Bedauern. Ich finde unter der übrigen Menschheit genügend Ersatz. Umso mehr«, fügte er schon fast unhörbar hinzu, »als der theoretische Streit zwischen uns hoffnungslos ist. Nebenbei: Du musst dich wirklich nicht in der Theologie auskennen, wenn du ihr Objekt bist. Der Felsen versteht auch nichts von Petrographie.«

»Wieder diese Dialektik«, stöhnte Jehova unwillig, »wer hat dir das beigebracht? Ich weiß nur eines, die Seele Hiobs ist gerettet. Ich habe die Wette gewonnen, und eure Scholastik geht mich nichts an.«

»Es ist mir ein Vergnügen, mich für besiegt zu erklären«, sagte der Teufel mit höfischer Verbeugung und verließ die elegante Bar COCOFLI, in der Jehova in Gedanken verloren sitzen blieb.

Aus dieser Geschichte könnte man eine Menge von moralischen Schlussfolgerungen ziehen. Sie war, wie gesagt, nur der Prolog zu der Affäre Hiob. Einige von ihnen sind sehr einfach, so zum Beispiel die Moral, dass man das Sprichwort revidieren müsste, das da sagt, wo zwei sich streiten (zum Beispiel Jehova mit dem Teufel) gewinnt der dritte. Auch die Moral, dass einfache Menschen Grund haben, sich vor dem Streit mächtiger Freunde zu hüten, und schließlich die dritte Moral, dass die Tugend der Treue um jeden Preis keineswegs eines großen Geistes bedarf.

Es gibt auch kompliziertere, moralische Schlussfolgerungen. Hier einige von ihnen:

Moral Nummer vier: Die Treue ist eine Tugend

mit innerem Widerspruch, denn wenn sie in der Hoffnung auf einen Vorteil praktiziert wird, hört sie auf, eine Tugend zu sein, und wenn sie um ihrer selbst willen betrieben wird, zwingt sie häufig zum Bösen, hört also auch auf, eine Tugend zu sein.

Moral Nummer fünf: Jehova ist gut: Wenn er also sein Wesen offenbart, so tut er Gutes; der Mensch, der ihn lobt, lobt das Gute, das er erfahren hat – was gar kein Verdienst ist. So zeigt sich der wahre Triumph Jehovas dort, wo er für das Böse gelobt wird, das heißt, wo er entgegen seinem Wesen handelte, mit anderen Worten, Jehova trägt dort einen Sieg davon, wo er anders ist als in Wirklichkeit. Um ihn immer davonzutragen, muss er stets in der Rolle des Bösewichts auftreten, und den oberflächlich denkenden Menschen kommt es deswegen so vor, als ob Jehova die Welt sehr schlecht eingerichtet habe. In Wirklichkeit hat er sie klug eingerichtet, er vermehrt das Unglück der Menschen, denn er würde ja keinen moralischen Sieg davontragen, wenn die Menschen glücklich wären; der Teufel würde geringe Erfolge erzielen, aber Gott gar keine. Man sieht daher, dass Millionen durch das Tor der Hölle getrieben werden müssen, damit sich für einige wenige die Pforte zum Paradies öffnet. Das ist der Vorschlag einer neuen Theodizee, die mit der menschlichen Erfahrung besser übereinstimmt als die traditionelle.

Moral Nummer sechs: Es ist leicht möglich, in der theoretischen Diskussion mit dem Teufel eine Niederlage zu erleiden, denn er hat viele rationale Argumente. Aber man braucht ja einfach nicht auf ihn zu hören.

Moral Nummer sieben: Wenn Hiob der Meinung gewesen wäre, dass sein Unglück das Werk des Teufels ist, so hätte er versucht, es zu bekämpfen, statt untätig dazusitzen. Er wäre zum Beispiel zu einem Hautarzt gegangen. Deswegen ist es nützlich – entgegen der Wahrheit – zu glauben, dass das Böse, das uns begegnet, immer das Werk der bösen Mächte ist.

König Herodes

oder Das Elend der Moralisten

Der große Astrologe legte König Herodes Folgendes dar: Ich, der das Wasser des geheimen Flusses Hyphasis trinke, die Luft des hundertfarbigen Berges Atanor atme, dem selbst Nisroch, Nahema, Adrammelech und Belial dienen, tue dir die Sprache der Sterne kund: Saturn, das Vaterland des Bleis, der Planet des Unglücks und der Niederlagen, und Venus, in der sich Kälte mit Feuchtigkeit vermählt, haben mitgewirkt, dass dir am gestrigen Tag ein tödlicher Feind geboren wurde. Saturn, der über dem siebenten Himmel kreist und in dessen Auftrag die Armen unter den Menschen geboren werden, die Tagelöhner, Bauern und Kaufleute, und der seit jeher Krankheit und Tod auf unser Land herabschickt: Der bösartige Saturn schwarzer Färbung, vor dem die ältesten Bücher uns warnen, da er nur die Diebe, die Geldfälscher und die Gefangenen beschützt, hat gestern einen jüdischen König ins Leben gerufen. Deine Macht ist bedroht – künden die Sterne.

König Herodes erhob sich und sagte mit leiser Stimme, in der sich die kalte Wut des Satrapen verbarg: »Erspare mir die ständige Wiederholung deiner Weisheiten. Mich interessiert nur eines: Wo ist er geboren?«

»In Bethlehem.«

»Du sagst, ein König ist geboren, und erwähnst

zugleich ein Zeichen, unter dem Tagelöhner und Kaufleute zur Welt kommen. Ist das etwa kein Widerspruch?«

»Er ist nicht König von Geburt, sondern durch den Willen der Sterne. Er kam in einer Handwerkerfamilie zur Welt.«

»Ein Handwerker, der König wird?« Herodes lachte verächtlich, »gut, du kannst gehen!«

Am gleichen Tag fand im Arbeitszimmer des Herodes eine Beratung statt, an der vier der höchsten Würdenträger des Staates teilnahmen. Der König begann:

»Es wurde mir berichtet, dass ein jüdischer König geboren worden sei. Die Informationen der Sterne sind leider zu allgemein gehalten und nennen nur Ort, Stand und annähernde Zeit der Geburt. Die Zahl von eventuellen Anwärtern auf meinen Thron ist also recht groß. Da sich nicht feststellen lässt, welches Individuum aus dem Handwerkerstand die fragliche Person ist, und da man es auf keinen Fall zu einem Umsturz kommen lassen darf, gibt es nur eine Art des Vorgehens: die Vernichtung all derer, die in Frage kommen. Mit anderen Worten, es müssen sämtliche Kinder getötet werden, die in Bethlehem zu der von den Sternen verkündeten Zeit geboren wurden.«

Die vier Berater überlegten. Nach langem Schweigen sagte der Erste, der Fatalist und Stoiker war: »Entschuldige, König, aber dein Vorschlag leuchtet mir nicht ein. Wenn die Vorsehung wollte, dass ein

König zur Welt komme, wird kein menschliches Bemühen sie betrügen können. Die Sterne verkünden, was bestimmt geschehen wird, und nicht, was geschehen könnte. Was wir auch tun, das Schicksal muss sich erfüllen. Ich schlage vor, keine Schritte in dieser Angelegenheit zu unternehmen, denn sie werden erfolglos bleiben. Ich erinnere dich nur an die Geschichte von Ödipus und an die Weissagung, die sein Vater erhielt. Der Mensch ist machtlos der Vorsehung gegenüber. Ich bin der Meinung, dass man die Säuglinge besser in Ruhe lässt. Wenn eine Wendung des Schicksals möglich ist, so kann nur Gott sie bewirken. Überlass es Gott, die Angelegenheit zu Ende zu bringen.«

»Ich halte deine Einstellung für defätistisch. Du hast dich in Panikstimmung versetzen lassen«, sagte Herodes ruhig, aber bestimmt. »Wer bittet noch ums Wort?«

»Ich bin nicht mit den Ausführungen meines geschätzten Kollegen einverstanden«, sagte ein anderer Berater, ein Moralist und Epikureer. »Vor allem glaube ich nicht an eine unausweichliche Vorsehung. Dass es sie nicht gibt, beweisen bereits die Schriften der Philosophen, zu denen ich mich bekenne. Aber selbst wenn ich mich auf den Standpunkt meines Kollegen stellte, sähe ich keinen Grund für eine solche Interpretation. Die Sterne haben verkündet, ein König sei geboren. Sie haben jedoch nicht behauptet, dass derjenige, der da geboren wurde, auch wirklich König sein wird. Vielleicht ist der Sinn der Prophezeiung nur der: Es wurde ein Kind geboren, das die geistigen Voraussetzungen mitbringt, ein König zu werden, oder jemand ist, der unter günstigen Bedingungen ein König werden könnte. Daher ist anzunehmen, dass die Aktion gegen den eventuellen Feind erfolgreich wäre.«

»Du bist also für meinen Vorschlag?«, fragte Herodes.

»Nein, wenn ich auch nicht mit den Ausführungen meines Vorredners einverstanden bin, so doch mit seiner Schlussfolgerung. Man soll keine Aktion gegen die Säuglinge unternehmen: Sie könnte wohl erfolgreich sein – sie wäre aber unmoralisch. Es ist nämlich unmoralisch, schwache und hilflose Wesen zu bekämpfen, die man vernichten kann, ohne sich selbst in Gefahr zu bringen.«

»Deinen Auftritt fasse ich als das kindliche Getue eines naiven Moralisten auf, der die Politik der Moral unterordnen will«, erklärte Herodes kalt. »Die Erfahrung lehrt, dass solche Versuche vergeblich sind. Ich würde über deine utopischen Träume zur Tagesordnung übergehen, wenn sie nicht objektiv die gleichen Folgen zeitigen würden wie die fatalistischen Erklärungen deines Vorredners, der uns zur Tatenlosigkeit aufrufen möchte. Moralpredigen und Defätismus sind im Grunde dasselbe und führen gleicherweise zu Umsturz und Gefährdung der Macht. Sie vergessen sich, meine Herren! Die Macht steht auf dem Spiel. Hier gibt es keine Spitzfindigkeiten. Ich höre weiter.«

»Ich bin anderer Meinung«, sagte der dritte Berater, ein religiöser Moralist, »ich glaube weder an Vorsehung noch an irgendwelche festen Regeln moralischen Handelns. Die Beseitigung der Säuglinge kann fraglos zum Erfolg und zur Vernichtung des Konkurrenten rühren. Falls man die Gewähr hat, selber straflos auszugehen, darf man keinen Augenblick zögern. Man sollte jedoch zuvor herausfinden, ob sich die Sache auf lange Sicht lohnt. Der Erfolg des Unternehmens ist wahrscheinlich, aber nicht sicher. Die spätere Strafe von Seiten Gottes hingegen ist uns gewiss, denn Massenmord an Säuglingen wird, wenn ich mich recht erinnere, von Gott nicht gern gesehen. Indem du deine Macht rettest, König, riskierst du posthume Strafen, neben denen das Unglück des Verlusts deiner Macht ein Nichts ist. Ich rate dir daher von diesem Schritt ab, aber nicht weil er erfolglos oder absolut unmoralisch wäre, sondern weil die Rechnung von Nach- und Vorteilen nicht aufgeht.«

»Ich stelle leider mit Erstaunen fest, meine Herren, dass Sie bisher noch nicht das geringste Verständnis für das Wesen der Macht gezeigt haben«, sagte Herodes. »Es gibt nichts, was wichtiger wäre als die Macht, und der Ausspruch, man müsse sich mit dem Verlust der Macht nach Jahren abfinden, um keine Unannehmlichkeiten nach Jahrzehnten zu bekommen, erscheint mir völlig absurd. Ich höre weiter.«

»Meine Meinung unterscheidet sich grundlegend von allen, die hier zum Ausdruck gebracht wurden«, erklärte der vierte und letzte Berater, der ein Politiker war. »Meine Vorredner, mit Ausnahme des letzten, haben ihre Beweisführung schon gegenseitig entkräftet. Ich brauche also nur die Auffassung des letzten Redners zu widerlegen. Aber lassen Sie mich zunächst für einen Augenblick auf die Argumente der Moral zurückkommen. Selbst wenn wir irgendwelche absoluten Moralgesetze anerkennen würden, stimmt es nämlich nicht, dass die Tötung von Säuglingen unmoralisch ist. Der Hinweis, Säuglinge seien wehrlos, hat keinen Sinn; jedes Mal, wenn wir einen Feind töteten, bewies das – auch wenn es sich um einen erwachsenen, von Kopf bis Fuß bewaffneten Mann handelte –, dass er sich, entgegen dem äußeren Schein, als wehrlos erwies. Mit anderen Worten, man siegt in jedem Kampf nur über Wehrlose, oder man wird selbst besiegt. Von daher gesehen gibt es keinen Unterschied zwischen Säuglingen und Einheiten gepanzerter Kämpfer. Der Hinweis, es wäre unmoralisch, zu kämpfen, wenn man sich nicht selbst der Gefahr aussetzte, halte ich gleichfalls für unsinnig. Das würde heißen, dass man im Kampf nichts unternehmen darf, was einem erlaubt, mit möglichst wenig Verlusten davonzukommen, und dass man möglichst große Verluste riskieren, das heißt alles tun muss, um den Kampf zu verlieren. Sie hatten dies wohl als Scherz gedacht, meine Herren? Bitte, bemühen Sie sich wenigstens um ein bisschen Konsequenz: Wenn wir den Kampf und mit ihm die Vernichtung des Gegners überhaupt zulassen – und fraglos kann niemand den Kampf an sich verurteilen –, so bejahen wir auch alle Kampfmethoden, die zum Erfolg führen. Dürfen wir während des Krieges in das Lager des Feindes schleichen und die Waffenvorräte stehlen oder vernichten? Natürlich dürfen wir das. Aber wir machen den Feind dadurch wehrlos! Umso besser, sage ich. Also darf man, wenn man überhaupt kämpfen darf, auch gegen Wehrlose kämpfen. Warum also nicht auch gegen Säuglinge?

Auch die letzte hier vorgetragene Auffassung ist kindisch. Sie sagen, Gott zürne wegen der Tötung Unschuldiger? Oder wegen der Anwendung des Grundsatzes der Kollektivschuld? Unsinn. Ich brauche Sie wohl nicht daran zu erinnern, wie oft Gott – die Heilige Schrift berichtet es – seinen Heeren höchst eindeutig den Befehl gab, die Bevölkerung ganzer Städte und Länder zu morden, wobei noch betont wurde, dass dieser Befehl sich auch auf die Säuglinge beziehe. Dergleichen findet sich in der Heiligen Schrift auf Schritt und Tritt. Weshalb dann solche Argumente? Bitte, erinnern Sie sich an die Geschichte vom ersten Sündenfall. Wegen der Sünde Adams, der viele, viele Generationen vor uns lebte, schleppt jeder schon bei der Geburt, als Neugeborener, ich betone das, die Bürde einer Sünde mit. Die Sünde Adams belastet also jeden Säugling und hat, wie man weiß, Millionen von Menschen unendlich viel Leid gebracht. Das Motiv der Kollektivschuld findet sich also auch im Handeln Gottes, und die einfache Tötung von einigen Hundert Säuglingen, unter denen sich ein Feind befindet, ist nichts, eine lächerliche Lappalie im Vergleich zur Geschichte des ersten Sündenfalls, dessentwegen noch immer Millionen sterben – denn das Phänomen des Todes ist, wie uns die Heilige Schrift lehrt, eben die Folge des Ungehorsams von Adam und Eva. Das sind meine Gründe. Ich hoffe, sie überzeugen.«

»Danke, die Beratung ist beendet«, erklärte der König. »Die Beweise, die Sie, meine Herren, angeführt haben, konnten mich völlig überzeugen. Da Sie sich für die Tötung der Säuglinge aussprechen, muss ich mich Ihrer Meinung wohl unterwerfen. Bitte, bereiten Sie alles für die Aktion vor.«

Der weitere Verlauf der Geschichte ist bekannt. Die Säuglinge wurden getötet, aber das Unternehmen blieb – wie sich zeigen sollte – ohne Erfolg. Der Gesuchte entging dem Schwert der Häscher. Das Ende der Geschichte ist erst durch die letzten Forschungen an den Tag gebracht worden. Hier ist es:

Nach Jahrzehnten begegnete Herodes seinen Beratern in den Abgründen der Hölle. Alle vier waren in einer so fürchterlichen Lage, dass die Sprache an ihr versagt und sie nicht näher beschrieben werden kann. Alle trugen – wie es in Höllen üblich ist – auf der Brust ein Schild mit ihrem Urteil und dessen Begründung. Die Einzelheiten dieser Begründungen erwiesen sich als sehr aufschlussreich, weil der höchste Richter sie selbst abgefasst hatte.

Herodes und der Politiker, jener Berater, der als Einziger den Mord an den Säuglingen befürwortet hatte, trugen gleichlautende Aufschriften: »Für den Mord an Kindern. Urteilsbegründung: quod licet Jovi, non licet bovi. Daraus, dass Gott das Gesetz der Kollektivschuld anwendet und Säuglinge für fremdes Verschulden tötet, kann nicht gefolgert werden, dass jeder hergelaufene König das Gleiche tun darf. Im Gegenteil – vom Standpunkt der absoluten Moral ist solches verboten.«

Der Moralist und Stoiker trug folgende Aufschrift: »1. Für das Bekenntnis zur häretischen Lehre des Fatalismus. 2. Für die Versuchung Gottes. Urteilsbegründung: Ein Mensch, der in Tatenlosigkeit verharrt, andere zur Tatenlosigkeit verführt und des Glaubens ist, dass alles von Gott für ihn erledigt wird oder von vornherein festgelegt ist, spricht nicht nur Häresien aus, er führt auch Gott in Versuchung und sät Defätismus, der unter anderem dazu führen muss, dass der Kampf um die Sache Gottes auf Erden beeinträchtigt wird. Die Verherrlichung der Tatenlosigkeit ist vom Standpunkt der absoluten Moral zu verwerfen.«

Der Moralist und Epikureer, der den Vorschlag von Herodes gleichfalls abgelehnt hatte, trug folgende Aufschrift: »Für die Geringschätzung der Macht. Urteilsbegründung: Die Macht der Könige kommt von Gott und ist von ihm so gewollt, um Ruhe und Ordnung auf der Erde zu sichern. Wer die Fragen der Macht geringschätzt, fördert den Zerfall der Gesellschaft und begünstigt die Anarchie. Das ist vom Standpunkt der absoluten Moral verwerflich.«

Der religiöse Moralist trug ein Schild, auf dem stand: »Für die Leugnung der absoluten Moral und die Verkündung einer falschen Moral, die sich auf Berechnung stützt. Urteilsbegründung: Gott verlangt, dass man Gutes um des Guten und um der uneigennützigen Liebe zu Gott willen tue, nicht aber, weil sich solches lohnt. Andernfalls sieht man in Gott einen Händler, was eine Beleidigung und vom Standpunkt der absoluten Moral verwerflich ist.«

Als sie sich gegenseitig die Aufschriften vorgelesen hatten, nickten die fünf Gefangenen traurig. »Wir hatten alle Recht«, sagte Herodes, und die anderen wiederholten im Chor: »Alle hatten wir Recht.« Aber plötzlich ballte Herodes die Fäuste und schrie: »Und wer ist der Schuldige?!«

In diesem Augenblick sahen sie eine sonderbare Gestalt hereinkommen: ein Mensch, der dumpf stöhnte und unter dem riesigen Stoß Bücher und Papiere, den er schleppen musste, fast zusammenbrach. Es war der Astrologe. Auf seiner Brust stand in großen Lettern: »Für die Verbreitung ungenauer Informationen, die verhängnisvolle Folgen hatten. Urteilsbegründung: Der Astrologe erklärte dem König, ein jüdischer König sei geboren. Er vergaß jedoch – aus Unwissenheit oder aus Leichtsinn, was auf dasselbe hinausläuft – hinzuzufügen, dass dieser König den Thron von Herodes überhaupt nicht gefährde, weil er selber erklären würde, sein Reich sei nicht von dieser Welt. Durch eine Falschmeldung hat der Astrologe den Tod von einigen Hundert Säuglingen verursacht, die unnötigerweise zur Sicherung des Königsthrons umgebracht wurden. Eine ärgerliche und empörende Unbekümmertheit, die vom Standpunkt der absoluten Moral verwerflich ist.«

Wie sich herausstellte, waren die Stöße Bücher und Papiere, die der Astrologe auf dem Rücken trug, Schriften, die als äußerst genaue Informationsquellen bekannt sind und die er auswendig zu lernen hatte. Eisenbahnfahrpläne, Telefonbücher, Statistische Jahrbücher, alle möglichen Tabellen, Landkarten und Pläne.

»Er ist es, der an allem schuld ist!«, rief Herodes, und sie stürzten sich mit Fäusten auf den Astrologen. »Deinetwegen sitzen wir in der Hölle!«, schrien sie und beschimpften ihn mit Ausdrücken, die sogar an diesem Ort, wo sozusagen alles anständig ist, als unanständig gelten.

»Denkt daran«, stöhnte der Astrologe unter den Schlägen der anderen, »dass ich als Einziger unschuldig hier sitze. Ihr wurdet für verbrecherische Absichten bestraft, aber ich besaß wirklich keine anderen Informationen und gab das weiter, was ich erfahren hatte. Meine Absichten waren rein, und Gott bestraft doch im Grunde für die Absichten und nicht für die Folgen. Ich verstehe nicht im Geringsten, was ich hier zu suchen habe.«

Der Teufel, der gerade vorbeiging, lächelte boshaft: »Es ist natürlich gut, zu wissen, dass es sich auch lohnt, genaue Informationen zu geben«, sagte er, »aber diese Erkenntnis würde euch ohnehin nicht mehr helfen. Sie kommt immer zu spät, immer dann, wenn nichts mehr zu machen ist. Lasst den armen Astrologen in Ruhe, er ist ganz unschuldig. Ihr solltet daran denken, dass in Angelegenheiten der Moral – und darum geht es hier in unserem Betrieb – jedes Wissen zu spät kommt; ihr könnt eure Taten und eure Absichten erst dann beurteilen, wenn nichts davon mehr rückgängig gemacht werden kann. Die moralische Seite jeder Tat ist im Gegensatz zur technischen Seite – absolut nicht vorauszusehen und lässt sich erst hinterher verstehen und bewerten. Dieser Umstand ist die wichtigste und fast die einzige Stärke unserer bescheidenen Institution, in der ihr daher ohne Ausnahme alle eure Bekannten treffen könnt.«

Ruth

oder Der Dialog zwischen Liebe und Brot

Zehn Jahre lang teilte Ruth, die Moabin, das Ehebett mit Chiljon, dem Fremden, mit Chiljon, dem Judäer, dem Sohn Elimelechs. Zehn Jahre lang bewahrte sie ihrem Mann die Treue, der seiner von Hunger gequälten Heimat den Rücken gekehrt und in ihrer Heimat Aufnahme gefunden hatte. Und Chiljon, der Sohn des Elimelechs, starb in der Heimat der Moaber und fern vom Ort seiner Geburt, und seine Frau Ruth blieb allein in ihrer Heimat, die ihr den Mann für immer geraubt hatte.

Und Ruth sagte: »Ich hatte einen Fremden zum Mann, und jetzt, da meine eigene Erde ihn für immer zu sich genommen hat, hat diese Erde aufgehört, meine Erde zu sein. Denn Chiljon, der Sohn Elimelechs, ist von mir gegangen und hat mich verraten und sich mit der Erde Moabs verbunden, und ich werde ihn nicht wiedersehen. Die Erde ist mir nicht mehr lieb, mit der mich mein Mann betrogen hat. Ich werde also von dieser traurigen und dunklen Erde fortgehen zu der Erde der Judäer, aus der einst mein Mann kam, um mich hier zu finden.«

Und zusammen mit der Mutter ihres Mannes, Naemi, verließ Ruth ihre frühere Heimat und ging in das Land der Judäer. Das Land aber war jetzt schon frei von Dürre und Hunger, es war warm und voller Leben, wie die Erinnerung an Chiljon, den Sohn von Elimelech. Naemi mit ihrer Schwiegertochter Ruth, die ihr Volk und ihre Stadt, ihren Gott und ihren Vater, ihre Mutter, ihre Schwester und ihre Brüder verlassen hatte, kam in dieses Land, um das Volk ihres Mannes zu ihrem Volk, seine Stadt zu ihrer Stadt und seinen Gott zu ihrem Gott zu machen.

Und Ruth nahm mit ihrer Schwiegermutter Naemi in der Stadt Bethlehem im Land der Judäer Wohnung, und sie litten Hunger und Qual. Es war niemand da, der ihnen Feuer angezündet oder Essen ins Haus gebracht oder sie vor dem Heulen der Schakale bewahrt hätte. Und sie lebten eingeschüchtert und traurig allein in der Stadt Bethlehem und warteten auf das Erbarmen Gottes oder auf den Tod, und sie wussten, dass das eine und das andere sich häufig nicht voneinander unterscheidet.

Und als der Hunger sie schon sehr gequält hatte, sagte Ruth zu ihrer Schwiegermutter: »Sieh, die Landleute sammeln die Gerste vom Feld. Ich werde hinter ihnen hergehen und den Landwirt finden, der mir erlaubt, die Ähren auf dem Felde zu sammeln, das wird mir helfen, den Hunger zu stillen.« Und Ruth, die Witwe Chiljons, ging, die Ähren der Gerste vom Felde Boas' aufzusammeln, eines Verwandten ihres Mannes und ihrer Schwiegermutter. Und Boas erlaubte ihr so viel Ähren zu sammeln, wie sie wollte, und er erwies ihr außerordentliche Freundlichkeit. Er war nämlich von Natur aus ein guter

Mensch, nicht geizig, und es war ihm überdies angenehm, Ruth seine Großzügigkeit zu zeigen. Und das aus zwei Gründen: aus einem erotischen und aus einem patriotischen. Ruth gefiel ihm mehr als alle Frauen aus der Stadt Bethlehem, und es verlangte ihn stürmisch nach ihr; außerdem gefiel es ihm, dass sie ihr Land verlassen und Unterkunft in seinem Vaterland gesucht hatte. Das gereichte seinem Volk und seinem Gott zum Ruhm. Er sagte ihr daher, dass er sich verpflichtet fühle, ihr für eine solche Haltung seiner Heimat gegenüber Dankbarkeit zu erweisen, und er erwies ihr diese Dankbarkeit, wie es immer geht, in der Hoffnung, dass er seinerseits ihre Dankbarkeit damit verdiene. Ruth trug die Dankbarkeit für ihren Wohltäter zusammen mit einem Sack voll Korn, das sie auf dem Felde gesammelt hatte, mit sich fort. Und beide, sie und Naemi, stillten ihren Hunger mit Gerstenplätzchen.

Dann sagte Naemi: »Heute in der Nacht drischt Boas Gerste auf seinem Feld. Gehe dorthin, und wenn du ihn schlafend findest, dann wecke ihn und bleibe auf dem Felde, dann bringst du Brot nach Hause, mit dem wir uns morgen nähren werden.«

So geschah es auch. Ruth ging nachts aufs Feld, weckte Boas durch eine zärtliche Berührung, und bis zum Morgengrauen blieben sie zwischen den Gerstengarben. Und am Morgen brachte sie Korn für Brot und Plätzchen, von denen sie mit Naemi lebte.

Und dann sagte Ruth zu Naemi: »Mich quält der

Gedanke, ob ich nicht eine käufliche Dirne geworden bin, weil ich nachts einen Mann besuchte, um am Morgen Brot nach Hause zu bringen.«

Aber Naemi sagte: »Du hast nichts Böses getan, Tochter. Ist Boas schlecht mit dir umgegangen? Nein, er hat dich reich beschenkt, ehe du ihm deine Liebe gabst, und er ließ dich deinen Hunger stillen. Gebührt ihm nicht Dankbarkeit von dir für seine Liebe? Und womit kann man seine Dankbarkeit besser beweisen, denn mit Liebe, und was ist Liebe, wenn nicht eine Gabe dessen, was man am meisten achtet? Je mehr du also deine eigene weibliche Ehre achtest, umso größer ist die Gabe, die du jenem darbringst, der deinen Hunger stillte, wenn du ihm gibst, was du als Weib zu geben hast. Die käufliche Dirne verdient nicht deshalb Verachtung, weil sie sich jenem gibt, von dem sie Brot annimmt, sondern deswegen, weil sie insgeheim sich selbst verachtet und weil das, was sie gibt, für sie keinen Wert besitzt. Aber für dich hat das einen großen Wert, den größten – und deswegen eben konntest du die größte, die wahre Dankbarkeit erweisen.«

»Aber habe ich nicht meine Liebe für Brot gegeben?«, fragte Ruth.

»Gibt es eine Liebe, die wirklich nichts verlangt?«, fragte ihrerseits Naemi. »Wenn es eine solche gibt, dann verdient sie Achtung, aber unter den Menschen trifft man sie selten. Liebe verlangt wenigstens Gegenliebe, und du verlangtest nur Brot, das selbst in dieser Welt, wo es immer zu wenig Brot gibt, doch in größerem Überfluss vorhanden ist als Liebe und Güte. Und die Menschen brauchen ja auch eher Brot als Liebe, und man muss erst den Hunger stillen, ehe das Herz nach Nahrung zu rufen beginnt. Und du nahmst nur Brot.«

»Aber ich gab meinen Körper.«

»Du gabst ihn aus Dankbarkeit, für das Brot, das du annahmst. Du bewiesest Dankbarkeit, so gut du es konntest, gerade deswegen, weil du deine weibliche Ehre am höchsten achtest. Daher gabst du für ein Gut, das nur der Erhaltung deines täglichen Lebens diente, ein ungleich wertvolleres Gut, nämlich einen Teil der eigenen Seele, du bewiesest also Großmut und Freigebigkeit, die dir Ehre machen. Du hast dich nicht nur nicht befleckt, sondern den Beweis einer Tugend erbracht, für die man dich achten muss.«

Das Gespräch der Schwiegermutter mit der Schwiegertochter dauerte so lange, bis von Boas die Nachricht kam, dass er Ruth, die Moabin, zu seiner Frau machen wolle. Dadurch zeigte Boas, dass er die Tugend Ruths achtete und dass Naemi die ganze Angelegenheit richtig eingeschätzt hatte.

In dieser Geschichte ist nichts, was Lachen oder Empörung oder Verachtung verdienen würde. Im Gegenteil, sie ist ein Beweis dafür, dass unser Gelächter häufig sinnlos ist, die Empörung falsch und die Verachtung dumm, wenn wir damit jemanden verfolgen, der bereit ist, einem anderen seine Dankbarkeit für Brot zu erweisen, mit dem er seinen Hunger stillt und diese Dankbarkeit mit Liebe erweist. Preisen wir lieber die Großzügigkeit jener, die ihr bestes Teil für ein Stück Brot hergeben, denn wie Naemi richtig sagte, ist es selbst im Tal des Hungers – und vielleicht gerade im Tal des Hungers – leichter Brot zu finden als Dankbarkeit für das Brot.

Jael

oder Die Irrwege des Heldentums

Dies ist die Geschichte von Debora, Jael und Sisera, zweier Frauen und eines Mannes also, jedoch keine Dreiecksgeschichte. Es sah folgendermaßen mit ihnen aus.

Jehova umsorgte sein Volk nach einem besonderen System, das er in aller Konsequenz anwandte. Jedes Mal nämlich, wenn das Volk Jehovas Gebote oder Warnungen außer Acht ließ, wurde es in die Hände seiner Feinde gegeben. Diese besiegten die Judäer und machten sie zu Sklaven, die sie nach Herzenslust quälten. Sooft das Volk in Unfreiheit geriet, wusste es, dass es ein göttliches Gebot verletzt hatte, was in ihm Reue und die Bereitschaft sich zu bessern auslöste, wodurch es wieder frei werden konnte. Dieser Mechanismus arbeitete präzis und unfehlbar wie ein Elektronengehirn.

So war es auch dieses Mal. Infolge ihrer Verfehlungen waren die Söhne Israels unter das Joch der Kanaaniter geraten. König der Kanaaniter war Jabin – eine Nebenfigur in dieser Geschichte –, deren militärischer Führer Sisera. Zu seinen Bundesgenossen zählten Heber und dessen Frau Jael, welche im besten Sinne des Wortes die Freundin Siseras genannt werden konnte. Bei den Israeliten übte Debora das Amt einer Richterin – sie war eine entschlossene und tüchtige Frau.

Debora war die Seele des Aufstands gegen die Kanaaniter, den sie zum siegreichen Ende führte. Debora war eine kräftige und energische Frau, in der sich seltenerweise stürmische Leidenschaftlichkeit und strategische Fähigkeiten vereinigten. Sie, die eifrige Prophetin und geachtete Sprecherin des Volkes, rief mit flammenden Reden zum bewaffneten Kampf gegen die Unterdrücker auf, entfachte Mut in den weibisch gewordenen Herzen und begeisterte das durch zwanzigjährige Unterdrückung erniedrigte Volk für den Aufstand. Sie, die furchtlose Richterin, berief zwölf Männer – darunter Barak aus dem Geschlecht Naphthali – und löschte in ihren Herzen Unentschlossenheit und Feigheit, die wahrer Männer unwürdig sind.

»Wie lange noch wollt ihr das fremde Joch ertragen?«, rief sie mit wehendem Haar. »Das zweite Jahrzehnt ist bald verstrichen, und noch immer beugt ihr demütig den Nacken vor dem Eroberer! Sind die Herzen eures Volkes schon fett von Untertanengeist? Ist kein Funke Ehrgefühl mehr in der Brust der Krieger zu entfachen, keine Hoffnung mehr in euch zu entflammen? Wollt ihr euch für immer abfinden mit dem schändlichen Los von Sklaven? Wollt ihr das Schicksal so geduldig ertragen wie der Ochse sein Joch, den fetten Nacken immer tiefer ducken unter der Peitsche eures Herrn?«

Barak aus dem Geschlecht Naphthali antwortete: »Du sagtest ›Ehre‹ und du sagtest ›Hoffnung‹, Frau. Achte auf das, was du sagst, und wirf die Worte nicht in den Wind. Willst du, dass wir den Kampf im Namen der Ehre aufnehmen oder im Namen der Hoffnung? Das sind zwei verschiedene Dinge, denn man kann die Ehre auch gegen die Hoffnung retten. Wenn du das von uns forderst, sind wir einverstanden. Ich sage ›wir‹ – wir zwölf Männer aus zwölf Geschlechtern unseres Volkes. Wir sind bereit zu fallen, aber wir werden nur zwölf sein. Das Volk kämpft nicht ohne Hoffnung – jeder Kriegsführer weiß das. Das Volk kämpft für Freiheit oder Brot und kann Wunder wirken, wenn es an den Sieg glaubt. Befiehlst du ihm jedoch, sich in einem Kampf zu schlagen, der von vornherein verloren ist und nur der Ehre gilt – so wird es sich von dir abwenden. Zwölf Männer werden ihr Leben in einem hoffnungslosen Kampf hingeben, aber man wird sie dafür nur verlachen und verachten. Denk daran, dass jeder Zwang zur Tugend wird, und wenn die Sklaverei ein Zwang ist, so müssen die Sklaven aus ihr eine Tugend machen, wenn sie ihre Daseinsberechtigung behalten soll. Denk auch daran, dass dieser Zwang immer seine Priester finden wird, die dem Menschen einzureden verstehen, dass es eine Ehre sei, eine Schlinge um den Hals zu tragen, wenn man sie nicht abnehmen kann. Denk daran, dass jeder zu dem Glauben neigt, er handele aus Edelmut, und dass man für jede Situation eine Theorie basteln kann, die ihr einen Nimbus von Größe verleiht. Nichts, was sich nicht heiligen ließe, wenn es nur existiert. Und die Heiligkeit selbst hängt sich eher an etwas, das schon besteht, als an etwas, das erst bestehen soll; denn es ist leichter zu verharren, als die Mühe der Veränderung auf sich zu nehmen, und jeder zieht die leicht errungene Heiligkeit vor, jeder glaubt lieber an die Heiligkeit von etwas, worum er sich nicht mehr bemühen muss. Aber manchmal siegt die Welt der Möglichkeiten. Überlege dir also: Willst du uns die möglichen Welten zeigen oder nur die ehrenvollen? Die Perspektive des Sieges oder nur die Perspektive des ruhmvoll Besiegten?«

Als Debora diese Worte hörte, loderte ihr Zorn auf wie ein mit Öl begossener, brennender Holzstoß.

»Kleinmütige Männer, nagt der Wurm des Zweifels auch an euren Herzen, ihr Väter des Volkes? Also auch ihr, die ihr euch zum Kampf erwärmen sollt, ergeht euch in Spitzfindigkeiten am leeren Trog wie Maultiere? Ihr braucht von vornherein die Gewissheit des Sieges, damit ihr bereit seid, euch die Schande vom Gesicht zu waschen! Aber was für ein Verdienst hat einer, der sich der Schande im Kampf entledigt, wenn er weiß, dass er auch siegen wird? Was für ein Verdienst hat einer, frage ich noch einmal, der dem sicheren Sieg entgegengeht? Eure Fragen sind dumm und eure Herzen feige. Ihr fragt – Ehre oder Hoffnung? Wo ist der Unterschied? Es ist eure Ehre, Hoffnung zu haben, und eure Hoffnung ist es, die Ehre zu retten. Ihr wollt das Volk mit eurer eigenen Feigheit belasten, statt ihm Mut zu geben! Wartet ihr auf die Hoffnung des Sieges? Wo ist sie, wenn nicht in euch selbst? Auf was wartet ihr, dass es den Sieg möglich mache? Er ist immer möglich, wenn man an ihn glaubt, und wenn man nicht an ihn glaubt – ist die Niederlage gewiss. Aber wenn ihr nicht wollt, so werde ich, ich allein, das Volk aufrufen und es, euch zur Schande, fortführen aus dem Land der Sklaverei!«

Die zwölf Männer senkten die Köpfe. Debora stand vor ihnen wie eine lodernde Statue, frei von Zweifeln, groß und unbesiegbar, erfüllt von Leidenschaft und Glauben. Die zwölf Männer vertrauten Debora. Unter ihrer und Baraks aus dem Geschlecht Naphthali Führung zogen die Männer Israels in den Kampf.

Am Fuße des Berges Tabor errangen die Kriegsscharen Israels den großen Sieg. Die Armee der Kanaaniter wurde völlig aufgerieben. Sisera, ihr Befehlshaber, floh in letzter Minute feige vom Kampfplatz. Er verwischte seine Spuren und erreichte, Verzweiflung im Herzen, das Feld, wo die Zelte seiner Freunde Heber und Jael standen.

Jael trat aus dem Zelt, um den Freund zu begrüßen, und als sie Sisera anblickte, wusste sie alles. Staubbedeckt, außer Atem, schwankend vor Müdigkeit, sah Sisera sie flehend an und schlug dann die Augen nieder.

Aber Jael lächelte freundlich und traurig.

»Hast du dein Schwert dort gelassen?«, fragte sie ruhig.

Sisera bedeckte die Augen und weinte.

»Ich floh aus dem Kampf«, stotterte er, »und habe

mein Schwert verloren. Das Allerschlimmste ist geschehen. Der Führer der Armee ist der Einzige, der den Kampf überlebte. Da es den Feinden nicht gelang, mir das Leben zu nehmen, muss ich es selber tun. Meine Schande ist nicht wiedergutzumachen.«

Jael sagte nichts, nahm Sisera lächelnd an der Hand und führte ihn in ihr Zelt. Dort stellte sie sich auf die Zehenspitzen, schlang ihre Arme um Siseras Hals und küsste ihn auf den Mund. »Geliebter«, sagte sie kaum hörbar, »du bleibst bei mir.«

Sisera war verwirrt. Für einen kurzen Augenblick leuchtete sein erloschener Blick auf. »Wie«, fragte er unsicher, »du sagst dich nicht los von mir? Siehst du nicht, dass ich mit der Schande der Feigheit bedeckt bin?«

Jael hieß ihn sich niedersetzen und streichelte mit ihren schlanken Fingern seinen Kopf. »Sisera«, sagte sie zärtlich, »ich liebe dich nicht trotz deiner Flucht, sondern gerade wegen ihr. Seit Jahren bin ich von Furchtlosen umgeben. Das Gefühl der Angst ist bei uns eine Seltenheit. Was selten ist, schätzt man. Wenn es ringsum so viel Mut gibt, ist die Fähigkeit zu Furcht und Flucht etwas Besonderes. Du bist ein ungewöhnliches und seltenes Exemplar der Spezies Mensch und deswegen liebenswert.«

Sisera hob erstaunt die Augen. »Wieso? Kann denn bereits Seltenheit ein Grund für Liebe sein? Würdest du etwa einen Buckligen allein deswegen lieben, weil er unter all den Gutgewachsenen einen Buckel trägt?«

»Natürlich geht es nicht um die Seltenheit allein, Sisera. Auch um ihren Inhalt. Deine Schwäche besteht darin, dass du es nicht bis zum Tode auf dem Feld ausgehalten hast. Warum sollte ich die Bereitschaft zu sterben als Stärke achten? Ich habe viele Dummköpfe und Nichtsnutze gesehen, die den Tod riskierten. Aber keiner von ihnen hat mich mit seinem Heldentum begeistert. Eine kluge Flucht achte ich mehr als dummen Wagemut.«

»Ich bin nicht aus Klugheit geflüchtet, Jael«, flüsterte Sisera beschämt, »es geschah aus Angst.«

»Du warst also eher dazu bereit, der Furcht vor dem Tode nachzugeben als der Furcht vor der Schande. Glaubst etwa auch du an den dummen Slogan: lieber Tod als Schande? Sisera, mein Lieber, überleg doch! Die Furcht vor dem einen ist genauso von der Leidenschaft diktiert wie die vor dem anderen – die erste vom Willen zum Leben und die zweite von der Eitelkeit. Worauf beruht denn Schande? Auf der Meinung, die andere von dir haben. Wenn du den Tod der Ehre vorziehst, so ordnest du dich willenlos einer fremden Meinung unter, denn ein völlig einsamer Mensch kann doch niemals ohne Ehre sein. Aber ein völlig einsamer Mensch kann Angst vor dem Tod haben. Der Tod mag uns in der Wüste treffen, aber die Schande nur unter den Menschen. Wenn du dich mit dem Tod vor der Schande verteidigst, bist du nicht du selbst, verlierst du deine Persönlichkeit an die Furcht vor deinem Spiegelbild in fremden Augen. Wenn du dich vor dem Tod bewahrst, bist du du selbst, authentisch und wirklich du selbst – das heißt schwach, wenn Schwachheit deine Natur ist. Die Liebe aber verlangt vom anderen, dass er so bleibt, wie er wirklich ist – denn es gibt nichts, was mehr zur Liebe gehört und sie mehr zum Ausdruck bringt. Man liebt einen Menschen nicht wirklich, wenn man ihn auf Grund irgendwelcher Eigenheiten liebt, sondern umgekehrt: Man liebt durch ihn seine Eigenheiten. Ich liebe dich doch wirklich, Sisera, dich und nicht deine Stärke oder deine Schwäche. Wenn du stark wärest, so liebte ich deine Stärke, da du schwach bist – deine Schwäche. Ich liebe dich, also liebe ich das, was dich ausmacht, was zu dir gehört, ganz gleich, was es ist, und ich will nur, dass du so bist, wie du bist. Aber die Menschen, die Todesmut zeigen, sind selten sie selbst, denn Todesmut ist selten Sache der Natur und entsteht meist im Widerspruch zu ihr. Da du Furcht vor dem Tod hattest, warst du du selbst, und umso mehr kann ich dich lieben.«

»Es klingt seltsam, was du sagst, Jael, aber ich höre dir zu, denn du schenkst mir Hoffnung, die ich schon für immer verloren glaubte. Ich gestehe ein, dass ich dir gern beipflichte, weil du mir Gründe zur Rechtfertigung von etwas zuspielst, was ich bereits getan habe und was somit in mir nicht mehr rückgängig zu machen ist. Meine Flucht ist Vergangenheit, und die Vergangenheit sucht ihre moralischen Gründe, um sich an jeden zu klammern, den sie findet. Deswegen akzeptiere ich, was du sagst, Jael. Wie anders bist du doch als Debora, die die Männer ihres Volkes dazu aufrief, sich dem Tod auszusetzen im Namen der Überwindung der Schande.«

Jael lächelte wieder, zärtlich und traurig. »Debora«, sagte sie, »tat das, als ihr Volk noch auf einen Sieg hoffen konnte. Du aber kannst es nicht mehr. Du brauchst nur Schutz vor der Verzweiflung.«

»Also bist du selber nicht von deiner Philosophie überzeugt, Jael, glaubst nicht an das, was du mir dargelegt hast?«

»Warum sollte ich nicht daran glauben?«

»Du sagtest doch, dass deine Philosophie erforderlich sei, um mich vor der Verzweiflung zu bewahren, und die Philosophie Deboras, um die Hoffnung zu nähren. Also hat es mit beiden Philosophien seine Richtigkeit? Das ist unmöglich! Ich will wissen, wie es sich wirklich verhält.«

»Glaub mir, für den Augenblick, in dem du lebst, ist es so, wie ich sagte.«

»Und außerhalb dieses Augenblicks, ich meine, allgemein, immer und überall, was ist da richtig?«

»Schlaf ein, Sisera, du bist müde«, sagte Jael leise. »Jetzt ist keine Zeit für Gespräche.«

»Aber sage mir nur, ob du wirklich glaubst, dass ich mir nicht das Leben nehmen muss?«

»Du wirst es nie tun, Sisera, und es besteht nicht die geringste Notwendigkeit dazu. Schlaf jetzt.«

Sisera schlief sofort wie ein Stein.

Jael trat leise in die Ecke des Zeltes, nahm einen langen und starken Nagel, legte ihn an die Schläfe des Schlafenden und schlug mit einem schweren Hammer darauf. Sisera starb ruhig, ohne auch nur einen Seufzer zu tun.

Da hörte Jael Stimmen vor dem Zelt. Sie ging hinaus und sah Barak, den Führer der siegreichen Armee der Judäer, kommen. Jael begrüßte ihn lächelnd und hob mit einladender Gebärde den Vorhang des Zeltes.

Die Gründe Jaels sind uns nicht bekannt, und die Historiker verlieren sich in Spekulationen. Es gibt vier Versionen dieser Geschichte, von denen keine befriedigend ist: eine barocke, eine romantische, eine naturalistische Version und eine Version des gesunden Menschenverstandes.

Nach der barocken Version, die wenig wahrscheinlich ist, stand Jael lange bei dem Schlafenden und sprach: »Armer Sisera, alles, was ich sagte, war richtig. Es ist auch richtig, dass du dir nicht das Leben nehmen musst. Ich werde es dir nehmen. Ich liebe dich so sehr, dass ich dich vor der Schande bewahren will. Denn die Schande ist leider eine Wirklichkeit, der man nicht entfliehen kann. Wenn du dein Leben auch retten würdest, du könntest es nicht ertragen, denn du müsstest unter den anderen leben; die anderen sind unsere Wirklichkeit. Das Beste, was ich für dich tun kann, ist, dir zu helfen, dass du stirbst, ohne davon zu wissen. Und ich? Ich kann leben, denn mir droht keine Schande. Mir droht nur die Qual des Bewusstseins, dass ich dich getötet habe. Soll ich sie ertragen? Sie ertragen, um mich für diese Tat zu strafen, die ich gleich begehen werde und die ich begehen muss. Obwohl, wenn diese Tat ein Muss ist – warum soll ich mich dann bestrafen? Wofür? Dafür, dass ich dich nicht retten kann? Niemand kann das. Aber es ist ja auch niemand dazu verpflichtet, außer mir, die ich dich liebe. Deswegen bleibe ich leben. Um das zu können, muss ich vorgeben, ich hätte dich als Bundesgenossen deiner Feinde getötet, und mich vor ihnen des Mordes an dir rühmen. Erst dann werde ich die ganze Qual des Unglücks auskosten.«

Unserer Meinung nach ist diese Version, obwohl sie aufgeht, geschmacklos und in psychologischer Beziehung wenig glaubhaft.

Die romantische Version lautet anders. Sie geht von der Voraussetzung aus, dass Jael von Anfang an auf der Seite der Judäer war und alle ihre Darlegungen nur das Ziel verfolgten, Sisera zu beruhigen und ihn zum Schlafen zu bewegen, damit sie ihn leicht töten könne. Der Mord ist dann verständlich, aber das ganze vorangegangene Gespräch in psychologischer Hinsicht unwahrscheinlich.

Die naturalistische Version sieht so aus: Jael war im Gespräch ehrlich, bekam aber dann Angst. Sie befürchtete, die Feinde könnten sie zusammen mit ihrem Geliebten töten, und tötete ihn einfach aus Feigheit. In diesem Fall wäre es schwierig, den Widerspruch zu beseitigen zwischen dem Mut, der erforderlich ist, um zu töten, und dem Maß Feigheit, das zur gleichen Tat geführt haben soll.

Die Version des gesunden Menschenverstandes: Jael wollte Sisera gar nicht töten, aber Jehova, der Bundesgenosse Israels, verwandelte im letzten Augenblick auf wunderbare Weise ihr Herz – was für ihn eine Kleinigkeit ist. Oder er führte ihr die Hand und machte sie zum Werkzeug des Verbrechens. Für diese Version sprechen viele Argumente, aber auch sie beseitigt nicht alle Zweifel. Vor allem wäre die Handlungsweise Jehovas in diesem Fall, verglichen mit seinem normalen Handeln, zu subtil und raffiniert.

Wie es sich auch abgespielt haben mag, die ganze Angelegenheit ist in einen Schleier gehüllt, der viele Deutungen zulässt. Von der jeweiligen Deutung hängen auch die völlig unterschiedlichen moralischen Schlussfolgerungen ab. Aber es gibt auch solche, die sich bei allen Deutungsversuchen gleich bleiben. Hier einige von ihnen:

Erste Moral: Man glaubt zuweilen, Heldentum sei charakteristisch für besondere Individualität. Das Gegenteil ist der Fall: Die Individualität offenbart sich in der Feigheit, die zur menschlichen Natur gehört. Der Heldenmut vernichtet den Einzelnen und löst ihn restlos auf im Glauben, in den Vorurteilen und den Urteilen seiner Umgebung: Denn ein Held kann man nur im Hinblick auf die verbürgten Werte einer Gesellschaft sein. Ein Feigling ist man hingegen ausschließlich zum eigenen Gebrauch. Deswegen ist ein Feigling häufig eine außergewöhnliche Persönlichkeit, die über das Niveau ihrer Umgebung entschieden hinauswächst und deren Gewohnheiten durchbricht.

Zweite Moral: In jedem Kampf verliert jemand seine Ehre. Dennoch besteht die Welt fort.

Dritte Moral: Es gibt keine Lebensphilosophie, die ein vernünftiger Mensch nicht überzeugend begründen könnte.

Vierte Moral: So ist es schlecht – und anders ist es auch schlecht. Es ist immer schlecht.

Salomo

oder Menschen wie Götter

Es geschah in einer Zeit, da noch der Brauch herrschte, sich gegenseitig den Krieg zu erklären. Dieser Brauch ist sonderbar und enthält einen inneren Widerspruch, denn jemandem den Krieg zu erklären, heißt doch, ihm mitzuteilen, dass man ihn vernichten will; dadurch warnt man den Feind jedoch und hilft ihm, sich zu verteidigen. Das bedeutet, dass man den Kampf damit beginnt, sich selbst Hindernisse in den Weg zu legen. Wenn der Krieg an sich als Akt der Feindschaft aufgefasst werden kann, so ist die Kriegserklärung nicht nur ein Ausdruck von Höflichkeit, sondern sogar von Freundschaft; eine Denunziation seiner selbst, mithin ein Akt geradezu monströser Inkonsequenz. Kein Wunder, dass sich dieser Brauch mit dem Fortschritt und der Zunahme logischen Denkvermögens fast völlig verloren hat.

Wir sprechen jedoch von Zeiten, da dieser Brauch noch lebendig war und von Göttern wie von Menschen gepflegt wurde. Jehova war in dieser Beziehung keine Ausnahme, und die Tat, die wir beschreiben wollen, bestand eben darin, dass er seinem treuen Diener Salomo den Krieg erklärte.

Salomo handelte nämlich leichtfertig und betrübte Jehova über die Maßen. Er war ein Mensch mit ungewöhnlich ausgeprägter Libido, was ihn eine

Menge Zeit und Geld kostete. Wie die Bücher der Könige vermelden, ernährte Jerusalem damals siebenhundert Frauen und dreihundert Konkubinen des Königs. Der Unterschied zwischen diesen beiden Kategorien ist übrigens ein sehr feiner und schwer zu klären. Fest steht, dass ein rundes Tausend Frauen den Lüsten des Herrschers diente und von seinen Einkünften lebte. Jehova war großmütig und verstand es, sich in menschliche Schwächen einzufühlen – wenn man es als Schwäche bezeichnen kann, mit tausend Frauen gleichzeitig zu leben. Aber schließlich war das Maß voll. Salomo erdreistete sich, seinen Frauen in religiösen Dingen die Zügel schießen zu lassen. Man muss nämlich wissen, dass dies vorwiegend Personen ausländischer Herkunft waren, die Götter zu Freunden hatten, mit denen Jehova seinerseits notorisch auf Kriegsfuß stand. Salomo aber hatte, wie mancher Weise, einen schwachen Charakter und unterlag leicht den einen oder anderen Einflüsterungen. War er weich gestimmt, versprach er seinen Frauen alles Mögliche, später aber schämte er sich seiner Versprechungen und suchte Vorwände zu erfinden, um sich vor ihnen zu drücken. Die Frauen hörten jedoch nicht auf, Opfer für ihre Götter zu fordern. Kein Wunder – jeder erweist seinem Gott Ehre, und dies umso eifriger, wenn er es auf Kosten anderer tun kann. Solcherart ereigneten sich schreckliche Dinge. Jerusalem war übersät mit reichen Tempeln, die zu Ehren irgendwelcher Götter errichtet worden waren; das Chaos war vollkommen; die Gläubigen wussten selber nicht mehr, wohin sich wenden: Straflos verbreiteten sich die ekelhaftesten Sekten in der Hauptstadt, fremde Priester gaben den Ton am Königshof an, der Staatsschatz schmolz zusammen wie Schnee im Frühling. Jeder weiß, wie viel Geld schon allein für den Kult eines Gottes erforderlich ist – und hier handelte es sich um zwanzig oder dreißig! Moloch, Osiris, Asthoreth, Kamos – ganze Kohorten von Göttern lächelten schamlos in vergoldeten Statuen und atmeten den Duft von Weihrauch, der ausschließlich zu ihren Ehren dargebracht wurde.

Jehova kochte vor Wut. Keine Frage, seine Widersacher, die schon am Ende gewesen waren und die er, wenn nicht heute, so morgen, endgültig zu besiegen gehofft hatte, bekamen wieder Farbe, gelangten zu Kräften und entfalteten eine immer regere Betriebsamkeit. Er selbst hingegen nahm ab, das Ausbleiben der Opfer und Treuekundgebungen seiner Gefolgsmänner machte ihn immer missgelaunter. Es war ihm unbehaglich zumute, und der Anblick fremder Tempel, die man wie zum Hohn im Zentrum seiner eigenen Hauptstadt errichtet hatte, rief Zornesausbrüche bei ihm hervor, die seiner Gesundheit schadeten und für alle Erdenbewohner höchst gefährlich werden konnten.

Salomo war sich seiner zwiespältigen Situation bewusst und fühlte sich ein wenig unsicher. Zwar versuchte er bisweilen zu protestieren, wenn die Frauen ihm wieder einmal Geld für fremde Götter abknöpfen wollten, aber das endete immer mit einer Niederlage für ihn. Seufzend unterschrieb er die Schecks. Der Gedanke an Jehova ließ ihm keine Ruhe. »Gottes Barmherzigkeit ist grenzenlos« hatte er im Katechismus gelernt, und diesen Satz wiederholte er jetzt manchmal in Gedanken. Aber im Grunde seines Herzens glaubte er natürlich selber nicht daran.

Wie zu erwarten gewesen war, mündete die Sache in einen großen Krach. Zuerst war da nur ein kurzes Telegramm an Salomo: »Sofort Schluss machen mit Götzendienst. Jehova.«

Darauf die Antwort: »Gut, gut. Salomo.«

Trotzdem schossen die Tempel der unreinen Götzen auch weiterhin wie Pilze aus dem Boden der Hauptstadt hervor und bedrängten nach wie vor mit Erfolg den wahren Kult.

Ein erneuter, dieses Mal ultimativer Telegrammaustausch konnte nicht ausbleiben: »Mir scheint, du hältst meine Geduld für unendlich. Jehova.«

Die Antwort kam unverzüglich: »Ja. Salomo.«

Und wieder die Replik: »Dann nimm zur Kenntnis, dass du ihre Unendlichkeit missbraucht hast. Jehova.«

Jetzt stand die Sache auf des Messers Schneide. Ein Bote Jehovas, ein rothaariger Cherub mit Brille, erschien in Jerusalem und trat ohne anzuklopfen ins Audienzzimmer des Königs. Er machte es sich in einem Sessel bequem und erklärte ohne Umschweife mit fester Stimme:

»Jehova verlangt, dass der Götzendienst innerhalb von vierundzwanzig Stunden aufhört. Sollte das nicht geschehen, wird König Salomo die volle Verantwortung für die Folgen tragen.«

Salomo gehörte zu den Menschen, in denen Ehrgeiz und Angst ständig miteinander ringen und abwechselnd die Oberhand gewinnen. Dieses Mal fühlte er sich von den Drohungen des Boten herausgefordert, und der Ehrgeiz siegte. Er sagte daher mit gespieltem Erstaunen:

»Jehova? Von welchem Standpunkt aus kann er denn den einen Kult für falsch und den andern für richtig erklären? Wie soll ich das alles überhaupt verstehen?«

Dem Cherub verschlug es angesichts solcher Unverschämtheit die Sprache. Salomo nutzte die Pause und fragte:

»Ist es also schon so weit, dass ich nicht ehren darf, wen ich will? Wie kommt Jehova eigentlich auf den Gedanken, dass ich nur ihn allein verehren soll? Vielleicht will er mir noch einreden, dass es Osiris, Asthoreth und andere Götter, die unser Volk anzubeten beschloss, gar nicht gibt?«

Die Sache war offenkundig. Der Cherub fasste sich schließlich und sagte mit giftiger Höflichkeit:

»Mein Auftrag lautet nicht, Diskussionen über die Existenz oder Nichtexistenz Ihrer Götzen zu führen. Mein Vorgesetzter ist nicht der Auffassung, dass sich der Kern der Sache durch metaphysische Streitereien verdunkeln lässt. Ich darf vielleicht von mir aus hinzufügen, dass die Existenz oder Nichtexistenz dieser Figuren für die Sache völlig bedeutungslos ist. Sind Sie sich dessen bewusst, dass Jehova Ihr Freund ist, der nur Ihr Wohl will?«

»Sollte Jehova besser als ich wissen, worin mein Wohl besteht?«, fragte Salomo. »Ich werde zu den Göttern beten, die mir den größten Nutzen bringen.«

Hier wusste der Cherub nicht weiter und sah sich hilflos um. Solchen Zynismus hatte er noch nicht erlebt, deswegen war er außerstande, Salomo gegenüber eine konsequente Taktik anzuwenden. Er sagte nur bitter:

»Ihr Vater David hat sich ganz anders seinem Gott gegenüber benommen.«

Salomo zuckte die Achseln.

»Der Fortschritt der Menschheit beruht unter anderem darauf, dass die Söhne anders handeln als ihre Väter«, zitierte er. (Er hatte diesen Satz einmal von einem Atheisten gehört.)

»Soso«, murmelte der Cherub verwirrt. Er schwieg eine Weile und rief dann verzweifelt:

»Aber das ist Götzendienerei! Die anderen Kulte sind falsch!«

»Was heißt falsch?«, fragte Salomo. »Verschiedene Götter bemühen sich um die Ehre des Altars bei den Menschen; jeder möchte seinen eigenen Kult – er handelt also nach dem Gesichtspunkt des eigenen Vorteils. Was mich anbelangt, so bin ich, wie man aus der Schrift weiß, nach dem Ebenbilde Gottes geschaffen. Also handle ich nach dem gleichen Grundsatz. Ein Kult ist nicht falsch oder richtig, sondern mehr oder weniger vorteilhaft. Offen gesagt, Jehova ist unerträglich, geizig, rachgierig, eifersüchtig und grausam. Ich sehe nicht ein, weshalb ich nicht in den Dienst eines anderen treten soll, wenn ich Lust dazu verspüre.«

»Weil nur er Ihr und Ihres Volkes Gott ist.«

»Und warum das, bitte?«

»Weil ihr im Grunde befreundet seid.«

»Was heißt das?« Salomo lachte. »Dieses Wort sagt mir nichts.«

»Sehr einfach. Es bedeutet, dass eure Interessen identisch sind, während Ihre Interessen und die jener anderer Götter verschieden sind.«

»Sie sind verschieden, solange ich ein treuer Verehrer Jehovas bleibe. Beginne ich, jene anderen zu ehren, verändert sich die Situation.«

»Hier eben liegt Ihr Fehler«, sagte der Cherub. »Das letzte Lehrbuch des transzendenten Monotheismus, verbesserte und erweiterte Ausgabe, erläutert dieses Problem auch vorzüglich.«

Der Cherub kramte in seiner Aktentasche, holte aus ihr ein abgegriffenes Bändchen hervor, und als er das entsprechende Kapitel mit dem Titel »Die Einheit von Immanenz und Transzendenz« gefunden hatte, begann er folgenden Auszug vorzulesen:

»Worauf beruht die Freundschaft zwischen Jehova und dem Volk Israel? Die Freundschaft zwischen Jehova und dem Volk Israel beruht darauf, dass ihre Interessen identisch sind. Und worauf beruht die Feindschaft zwischen allen anderen Göttern und dem Volk Israel? Die Feindschaft zwischen allen anderen Göttern und dem Volk Israel beruht darauf, dass ihre Interessen miteinander unvereinbar sind. Es wird gelegentlich gefragt, ob die Interessen Jehovas und des Volkes immer zusammenfallen oder manchmal auch nicht. Solche Fragen zu stellen, ist kindisch. Der transzendente Monotheismus lehrt, dass man das Wesen einer Sache genau vom äußeren Schein trennen muss. Der Missklang zwischen allen anderen Göttern und dem Volk Israel liegt im Wesen der Sache; er lässt sich nicht beseitigen, denn im Wesen der Sache, nämlich in den Beziehungen zueinander, zwischen allen anderen Göttern und Israel, fehlt die Harmonie. Hingegen beruhen die Beziehungen zwischen Jehova und dem Volk Israel in ihrem Wesen auf der Freundschaft. Können dennoch Meinungsverschiedenheiten zwischen den beiden auftreten? Scheinbar ja. Aber wenn man sich nicht mit dem äußeren Schein der Dinge begnügt, sondern zum Wesen vordringt, so stellt es sich heraus, dass sie im Wesen befreundet sind. Worin besteht in diesem Fall der Unterschied zwischen dem Wesen der Sache und dem äußeren Schein? Der Unterschied zwischen dem Wesen der Sache und dem äußeren Schein besteht in diesem Fall darin, dass die Verfeindung nach außen hin in Erscheinung tritt, während die Freundschaft im Wesen bleibt. Diese Freundschaft muss man entwickeln und verstärken, zum eigenen Wohle. Diejenigen, die den Unterschied zwischen dem Wesen der Sache und dem äußeren Schein nicht verstehen, werden niemals echte transzendente Monotheisten sein. Solche Menschen müssen noch viel lernen.«

Als er dies gelesen hatte, schloss der Cherub das Buch und schwenkte es triumphierend.

»Sehen Sie«, rief er, »sehen Sie, wie die Dinge liegen! Ich hoffe, nun ist alles klar. Dieses Buch ist ein Wunder an Stil und Klarheit. Es gibt Antwort auf alle Ihre Zweifel. Das Wesen der Sache und der äußere Schein beziehungsweise das Äußere der Erscheinung, wenn Ihnen das lieber ist – hier liegt der Hund begraben!«

Salomo rieb sich die Stirn und blickte den Sendboten Gottes unsicher an.

»Mir scheint, das ist etwas aus der Philosophie«, sagte er niedergedrückt. »Ich muss gestehen, ich hatte in der Schule immer eine Fünf in diesem Fach. Könnten Sie mir nicht etwas fasslicher erklären, worum es geht?«

»Bitte sehr. Es geht darum, die Freundschaft zwischen Jehova und Ihrem Volk in jedem Fall wiederherzustellen: Das Wesen der Sache verlangt es.«

»Wie soll ich das praktisch verstehen?«

»Praktisch geht es darum, dass Jehova beschlossen hat, Sie und Ihren Staat zu vernichten. Man hat mich hergeschickt, damit ich Ihnen das erkläre.«

»Jetzt verstehe ich. Jehova erklärt mir also den Krieg?«

»Genau das meine ich. Eine sehr richtige Feststellung.«

Salomo erhob sich, einen Anflug von Blässe im Gesicht, vom Sessel und fragte:

»Und Sie, was raten Sie mir in dieser Situation?«

»Gar nichts rate ich.« Der Cherub lächelte gutmütig. »Alles ist bereits beschlossene Sache. Im Augenblick kann keine Rede von Verhandlungen sein. Der Staat wird vernichtet, und von seinen zwölf Teilen werden elf fortgenommen.«

»Wenn die Sache beschlossen ist, wozu das ganze Gespräch? Sie hätten mir das gleich sagen können, statt mich Philosophie zu lehren.«

»Jehova unternimmt keinen Schritt ohne wissenschaftliche Begründung. Es ist unerlässlich, dass Sie auch die theoretischen Gründe für Ihre Vernichtung einsehen.«

»Ich verstehe nur eines nicht: Wenn der Staat vernichtet wird, wenn Tausende von Menschen ums Leben kommen – warum spricht er dann eigentlich von Freundschaft?«

Der Cherub schüttelte missbilligend den Kopf.

»Der Umgang mit theoretischen Problemen ist wirklich nicht Ihre Stärke«, sagte er herablassend. »Ich habe doch bereits erklärt, es geht um die Festigung der Freundschaft zwischen Ihrem Volk und Jehova. Die Missverständnisse zwischen euch beruhen nur auf dem äußeren Schein der Ereignisse, und das Wesen der Sache ist die Freundschaft. Man muss sie wiederherstellen. Das eben tut Jehova.«

»Und es gibt keine Rettung?«

»Nein. Die Gesetze des Lebens sind ehern. Die Freundschaft zwischen euch muss wiederhergestellt werden. Das ist alles, was ich zu sagen habe. Ach ja, ich vergaß noch eines: Jehova lässt noch ergänzen, dass er Ihnen aus Rücksicht auf Ihren Vater David Gnade bezeugen wird. Er erlaubt Ihnen deshalb, ruhig zu sterben. Die Freundschaft wird sofort nach Ihrem Tod mit Hilfe von Kriegsheeren wiederhergestellt werden, die in Ihr Land eindringen.«

»Mit anderen Worten«, sagte Salomo stockend, »die Freundschaft zwischen Gott und dem Volk, die durch meine Schuld getrübt wurde, soll nicht durch meine Bestrafung wiederhergestellt werden, sondern durch die Ermordung eines Teiles meines Volkes. Finden Sie diesen Ausweg vernünftig?«

»Die Göttliche Gerechtigkeit ist unergründlich«, sagte der Cherub und hob seine Augen zum Himmel.

»Ja, das ist etwas anderes. Dann ist endlich alles klar.«

Von jetzt an verlief das Gespräch in einer Atmosphäre der Freundschaft und des gegenseitigen Verständnisses. Die Fortsetzung schrieb die Geschichte.

Der Bericht enthält mehrere Probleme, von denen drei besonders wichtig sind: Das Problem der Kriegserklärung, das Problem von Feindschaft und Freundschaft und das Problem der Bestrafung des Volkes für die Schuld seines Königs. Jedes Problem findet in der entsprechenden Moral seine Beantwortung.

Erste Moral: Wir legten zu Beginn dar, dass die Kriegserklärung ein Akt der Freundschaft sei. Sie ist es in der Tat, und das beweist noch einmal, dass die Beziehungen zwischen Jehova und Salomo auf Freundschaft beruhten: denn Jehova erklärte ihm den Krieg. Andrerseits hätte gerade in diesem Fall die Kriegserklärung Jehova nicht daran hindern können, das Werk zu Ende zu führen; da er ohnehin allmächtig ist, riskierte er mit diesem Akt der Großmut nicht das Geringste. Trotzdem zeugt diese Tat von Höflichkeit und war eines Gentleman würdig. Man ersieht daraus, dass die Starken sich erlauben können, ihre Freundschaften auf wirklich freundschaftliche Weise zu bekräftigen – aber nur die unendlich Starken.

Zweite Moral: Es stellt sich heraus, dass nicht allein die Kriegserklärung ein Freundschaftsakt ist, sondern auch Kriegshandlungen. Dann nämlich, wenn sie zur Einheit führen. Und sie führen immer zur Einheit, ja es gibt überhaupt kein besseres Mittel, die Einheit zu wahren, als den Krieg. In diesem Sinne ist der Beginn eines Krieges fast immer ein Freundschaftsakt. Es gibt aber nichts, was mehr nach Einheit verlangt, als der Glaube an einen einzigen Gott. Deswegen blüht das Militärwesen in Ländern monotheistischer Religion.

Dritte Moral: Nach allem sieht es so aus, als wäre es ungerecht, den König in Frieden sterben zu lassen, das Volk aber für dessen Schuld zu bestrafen. Bei Gott ist dergleichen gerecht, denn er verfügt noch über Strafen, die er nach dem Tode verhängen kann, Strafen, die irdische Könige nicht verhängen können. Gerechtigkeit besteht darin, Schuldige nicht unbestraft zu lassen, und nicht darin, Unschuldige nicht zu bestrafen. Letzteres ist ohne Bedeutung: Es sind ja doch alle bestraft. Sonst bliebe der Sinn des Lebens unverständlich.

Es gibt noch eine Überlegung ohne Moral. Die Menschen bekämpfen einander wegen der Frage, welchem Gott sie gehorchen sollen. Die Götter bekämpfen einander wegen der Menschen, die ihnen gehorchen sollen. Jedoch in beiden Fällen – im Streit der Götter untereinander wie in dem der Menschen untereinander – werden die Kämpfe schließlich durch die Menschen ausgetragen. Nicht hier jedoch liegt der neuralgische Punkt in den Beziehungen zwischen Himmel und Erde. Das Entscheidende ist, dass die Götter von den Menschen ständig eine klare Stellungnahme für die eine oder andere Seite verlangen und keine ungeklärten Situationen dulden. Sie zwingen den Menschen dadurch, sich ständig zu einer Alternative zu bekennen, und nehmen so seiner Existenz jene angenehme Zweideutigkeit, die zu den wichtigsten Reizen des Daseins gehört.

Salome

oder Alle Menschen sind sterblich

Über Salome, die schöne Tänzerin des Königs Herodes, wurde allerlei geschrieben. Guillaume Apollinaire hat ihr eines seiner schönen Gedichte gewidmet: *»Pour que sourie encore une fois Jean-Baptiste/ Sire je danserais mieux que les séraphins ...«*

Über Salome, die Fürstin mit den silbernen Füßen, schrieben Oscar Wilde ein Stück, Jan Kasprowicz eine Hymne: *»Salome, die kupfernen Haare im Winde zerstoben wie blutende Brünste der Feuer ...«* Das Gesicht Salomes wurde von Luini, einem der Schüler Leonardos, gemalt. Er musste es aus der Fantasie malen, da er Salome nicht mehr unmittelbar anschauen konnte. Wir glauben nicht, dass er sie getreulich wiedergegeben hat. Salome zeigt auf seinem Bild ein ruhiges, leicht nachdenkliches, aber neugieriges Gesicht; doch aus ihrem Blick spricht neben der Neugierde eine gewisse Kälte und Gleichgültigkeit oder sogar unbewusste Grausamkeit. Sie ist anders als im Stück von Wilde, anders auch als im Gedicht von Apollinaire und anders, als wir sie uns vorstellen.

Wir erinnern uns alle an die Geschichte von Salome, wie die Autoren des Evangeliums sie berichten. Danach könnten wir glauben, dass König Herodes (nicht derjenige, der den Mord an den unschuldigen Kindern befahl, sondern sein Nachfolger) ein grausamer Mensch gewesen sei, aber in seiner Grausamkeit nicht immer konsequent; dass seine Geliebte konsequent grausam gewesen sei und ihn dazu bewegen wollte, Johannes den Täufer zu töten; dass beider Tochter auf ihre Anweisung hin den Kopf des Predigers forderte, als der König ihr, begeistert von ihrem Tanz, einen Wunsch zu äußern erlaubte; dass dieser Wunsch erfüllt worden sei und der Kopf des Propheten von den Dienern auf einem Tablett gebracht wurde.

Diese Geschichte ist im Wesentlichen (aber nicht in allen Punkten) richtig. Sie muss jedoch unverständlich bleiben, weil der Chronist eine Reihe von Einzelheiten, die für die Sache von Bedeutung sind, übergangen hat. Man gewinnt den Eindruck, dass Herodias die Ursache für den Tod von Johannes war und Salome ihr willenloses Werkzeug. Das ist falsch. In Wirklichkeit spielte sich die Sache folgendermaßen ab:

Die schöne Tänzerin Salome verliebte sich in Johannes. Dieser wurde gefangen gehalten, ging jedoch häufig unter Bewachung im königlichen Garten spazieren. Wenn Salome morgens aus dem Hause trat, musste sie an dem bärtigen Gefangenen vorbeigehen, der, hoch gewachsen und kräftig, mit auf dem Rücken gekreuzten Armen an eine Pinie gelehnt dastand. Reglos starrte er sie mit seinen grünen Augen an, an denen Salome ablas, wie sicher er der Wahrheit war, die er verkündete, und wie wenig ihn irgendetwas davon abbringen konnte. Stundenlang stand er da wie eine Statue, blickte schweigend ins Leere und war voller Verachtung für die Menschen, die ihn umgaben. Zuweilen suchten die Wächter aus Langeweile ihn in ein Gespräch zu ziehen, doch Johannes blieb einsilbig.

»Weißt du, Johannes«, fragten sie, »dass dich der Tod erwartet?«

»Ich weiß es, Brüder«, erwiderte Johannes, und das Wort »Brüder« sprach er so aus, dass jeder fühlte, es bedeutete eine Ehre, so angesprochen zu werden, auch wenn Johannes sich ihnen mit diesem Wort gleichstellen wollte.

»Du bist jung, Johannes«, sagten die Soldaten, »lohnt es sich zu sterben, wenn man nicht weiß, wofür?«

»Es lohnt sich, Brüder«, sagte Johannes, »und ich weiß auch wofür.«

»Wofür stirbst du denn?«

»Für die Wahrheit, Brüder.«

»Und wie sieht sie aus, diese Wahrheit?«, fragten die Soldaten weiter, denn sie langweilten sich.

»Die Wahrheit, Brüder, besteht darin, dass der Mensch nur einmal stirbt.«

Da schüttelten die Soldaten mitleidig den Kopf und sagten: »Und für eine Wahrheit, die jedes Kind kennt, stirbst du? Du bist ja verrückt, Johannes!«

Dann ließen sie ihn stehen, würfelten, zankten sich und tranken Wein. Sie waren gute Menschen, ungebildet und ruhig. Sie bewachten Johannes, weil es befohlen war, aber sie hassten ihn nicht.

Salome, die elegante Salome, schritt jeden Tag an dem in Lumpen gehüllten Täufer vorbei, und manchmal blieb sie in seiner Nähe stehen, um den Gesprächen zu lauschen.

Sie blickte wie verzaubert in die Augen von Johannes, der ihr gelegentlich einen gleichgültigen Blick zuwarf.

An vielen Tagen ging Salome, die reizende Tänzerin, an dem Gefangenen vorbei, und jedes Mal blieb sie einen Augenblick länger an seinem Baum stehen. Schließlich brachte sie den Mut auf, ihn anzusprechen.

»Du sagtest, Prophet, dass der Mensch nur einmal lebe. Aber das wissen doch alle. Was soll also deine Lehre?«

»Keiner von euch weiß es«, sagte Johannes, »wenn du es wüsstest, Salome, hättest du längst aufgehört zu lächeln.«

»Ich verstehe nicht, was du sagst, Prophet. Aber selbst wenn du Recht hättest, was hätte ich von einer Wahrheit, die mir das Lächeln nimmt?«

»Nichts, Salome, Salome. Nichts. Von der Wahrheit hat man den Nutzen, dass man sie besitzt. Nichts mehr, Salome.«

Da sagte die Tänzerin so leise, dass die Wächter es nicht hören konnten: »Willst du mich deine Wahrheit lehren, Prophet?«

»Es ist nicht meine Wahrheit, Salome; es ist auch die deine, selbst wenn du nichts von ihr weißt – sie ist unser aller Wahrheit. Ich will sie dich lehren, aber glücklicher wirst du davon nicht. Ich lehre sie dich, denn die Menschen sollten ihre Wahrheit kennen.«

Von diesem Tag an erschien Salome jeden Tag bei Johannes, und er lehrte sie mit strenger, fast einschläfernder Stimme die große Wahrheit. Nur Fragmente von Salomes Tagebuch, in dem sie die Gespräche mit Johannes festhielt, sind erhalten geblieben. Das klingt etwa so:

»... weil alles, was zu Ende ist, ein Nichts ist, auch wenn es größer ist als der Weg ins Himmelreich ...«

Ein anderes Fragment:

»... wenn jede Endlichkeit eine Quelle der Verzweiflung ist, um wie viel mehr muss das es sein, was unendlich ist ...«

Ein drittes:

»... und wenn du es verstehst, wirst du keine Ruhe finden, sondern nachts dein Haus verlassen und deine Stadt, denn du gehörst nicht zu ihnen, und deine Eltern, denn du gehörst nicht zu ihnen, und deine Kinder, denn du gehörst nicht zu ihnen, und du gehst auf die Suche, und du wirst nur eines wollen: immer dem zu widersprechen, was ist, und sobald du widersprochen hast, dem eigenen Widerspruch zu widersprechen, bis schließlich ...«

Jeden Tag ging Salome zu Johannes, dem Prediger, in die Lehre, und jeden Tag erlosch mehr das Lächeln auf ihrem Gesicht, aber jeden Tag tanzte sie besser und schöner vor dem König, tanzte, kaum den Boden mit den Füßen berührend, und allen, die es sahen, schien es, dass nicht Salome tanze, sondern die Erinnerung an sie, denn nur in der Erinnerung geschehen Dinge, die so schön sind.

Und Salome verliebte sich in den Prediger, und Johannes war ständig und schmerzlich in ihrem Bewusstsein, und sie lebte von der Erinnerung wie ein Schmarotzer von einem Baum.

Und der Prediger Johannes verliebte sich in Salome, die Tänzerin, und täglich erwartete er sehnsüchtig den Augenblick, da sie in seinem Gefängnis erschien, wo die Wächter sie einließen mit einer Verbeugung, da sie die Tochter der Geliebten des Königs war. Und Johannes hatte sie mit seiner Weisheit erfüllt, und sie trug nur mühsam die Last seines traurigen Wissens.

Bis der Tag kam, da sie sagte: »Ich glaube, du hast mir alles beigebracht, Johannes – was nun?«

Und Johannes erwiderte: »Ich bin ein Gefangener des Königs, Salome, und Gefangene haben kein Morgen, sie haben nur den heutigen Tag. Ich werde mein Gefängnis nicht eher verlassen, als man mich tot hier heraustragt, und das wird sein, wenn es dem König gefällt.«

»Johannes, was soll geschehen? Wir müssen dem widersprechen, was ist, und solches können wir nur, indem wir dem eigenen Leben widersprechen, denn unser Leben kann nicht anders sein, als es ist.«

»Ja, Salome, wir können ihm nur durch den Tod widersprechen. Aber Gefangene haben kein Recht auf den Tod, sie müssen es erringen. Erringe es für mich und für dich.«

»Ich tue es, Johannes. Werden wir aber zusammen sein, dann, wenn wir nicht mehr hier sind, Johannes? Wohin stirbt man, Johannes?«

Aber Johannes gab keine Antwort auf diese Frage.

An jenem Tag tanzte Salome abends im königlichen Garten, und sie tanzte schöner als je zuvor in ihrem Leben. Den Zuschauern war es, als ob eine Wolke wirbelnden Nebels aufstiege und wieder zu Boden fiele. Danach fragte der König im Sturm des Beifalls, wie er ihr diese außerordentliche Kunst lohnen, sie glücklich machen könne. Noch ehe sie dazu kam, ein Wort zu sagen, flüsterte ihr die Mutter ins Ohr: »Bitte um den Kopf von Johannes!« Denn die Geliebte des Königs hasste den Täufer und war außerdem der Meinung – vielleicht zu Recht –, dass der Tod das größte Übel sei, das man einem Menschen zufügen könne. Und Salome sagte laut und klangvoll:

»Lass mir das Haupt des Propheten Johannes bringen, König!«

Entsetztes Flüstern ging durch den Saal, und der König blickte finster und schwieg. Wenn er sich bisher nicht dazu hatte entschließen können, Johannes zu töten, so teils aus Furcht vor dem Propheten, teils aus Ehrerbietung. Aber nach einer Weile sagte er doch mit unsicherer und etwas unwilliger Stimme zu seiner Leibwache:

»Bringt das Haupt des Propheten auf einer Schüssel.«

Da war Stille.

Und als der Schlag der Axt allen kundtat, dass die Erdenwanderung Johannes des Täufers beendet sei, erzitterten sie, und ein eisiger Wind fuhr durch den Thronsaal. Alle saßen starr, bis der Henker das blutige Haupt auf einer Schüssel hereintrug. Die Frauen bissen schaudernd in ihre Taschentücher, und die Männer bemühten sich, zur Seite zu blicken, wenn auch das Haupt des Märtyrers sie unwiderstehlich anzog.

Salome stand mit einem kleinen Lächeln in der Mitte des Saales; sie allein zitterte nicht und wandte den Kopf nicht ab. Sie sah direkt auf die blutige Spur von etwas, was vorher Johannes gewesen war, und in die glasigen, von der Hypnose des Todes verzauberten Augen.

Als die Gäste, aus der Erstarrung erwacht, eilig den Saal verließen, blieb Salome. Sie stand lange reglos und ging dann in ihr Zimmer, um einen spitzen Dolch zu holen. Kaum hielt sie ihn jedoch in der Hand, glaubte sie die Stimme des Predigers zu hören:

»... dass der Mensch nur einmal stirbt.«

Sie zögerte, und der Dolch entfiel ihrer Hand. Und in den Ohren Salomes hallte noch lauter das Schweigen von Johannes, als sie ihn fragte: »Wohin stirbt man?«

Da sagte sie zu sich selber:

»Wir sollten, wie Johannes lehrte, dem widersprechen, was ist, und nur durch den Tod konnten wir das besiegen, was unvermeidlich ist: und der Tod ist doch das Unvermeidlichste auf der Welt. Nun gibt es keinen Propheten Johannes mehr. Haben wir damit nicht schon dem widersprochen, was ist und was beendet wurde? Und da Johannes nicht mehr da ist, starb mit ihm nicht auch sein Wissen? Und wenn dem so ist – warum soll ich mich für ein Wissen töten, das nicht mehr existiert, das wichtig war, solange er lebte?«

Dann setzte Salome sich hin und trug in ihr Tagebuch sechs Wahrheiten ein, die sie an diesem Tag erfahren hatte:

»Die erste: Unsere Vermählung mit der Wahrheit kann nicht länger dauern als die Vermählung mit dem Menschen, der sie gebracht hat.

Die zweite: Mit dem eigenen Tod kann man sein eigenes Leben nur bestätigen, nicht ihm widersprechen; denn unser Tod macht unser Leben erst endgültig unabänderlich.

Die dritte: Der Prophet Johannes hatte Unrecht, als er sagte, man stürbe nur einmal. Denn niemand stirbt für sich allein, da er seinen eigenen Tod nicht überleben kann; man stirbt nur für die anderen, und für die anderen kann man mehrmals sterben.

Die vierte: Ich habe mich dem Propheten Johannes gegenüber schweigend verpflichtet, mit ihm zu sterben. Bin ich an das Versprechen gebunden, wenn es ihn nicht mehr gibt? Ist eine Bindung zwischen mir und dem Nichts möglich? Wenn es den Tod des Propheten für mich gibt und nicht für ihn selbst, und wenn es ihn nach seinem Sterben für mich gibt und nicht mehr für ihn – dann handelt es sich um eine Bindung mit mir selbst, die ich lösen kann, wann ich will. Es ist undenkbar, eine Schuld gegenüber dem Nichts auf sich zu laden. Ergo …« usw.

Die übrigen Wahrheiten ließen sich in Salomes Manuskript nicht entziffern.

Es bleibt die Frage: Ist Salome schuld an dem Tod von Johannes? Natürlich nicht, da sie seinen Tod herbeiführte, indem sie sich nach seinen eigenen Grundsätzen richtete, und dabei mit ihm in Übereinstimmung handelte. Sie sollte sich selbst den Tod geben. Das stimmt, aber sie wird dadurch nicht schuld an etwas, woran sie nicht schuld wäre, wenn sie sich den Tod gegeben hätte. Denn weder befreit der Tod von der Schuld, noch macht der Verzicht auf den Tod schuldig. Ist sie dann also überhaupt unschuldig?, werdet ihr fragen. Eine dumme Frage. Wenn wir darauf antworten könnten, wäre unsere Welt schon seit langem so klar wie das Einmaleins. Und dann würdet ihr sehen, wie viel schlechter sie wäre, als sie heute ist.

Klassiker der Meditation.
Die renommierte
Reihe in neuer Ausstattung.

Kleine Philokalie
Betrachtungen der Mönchsväter
über das Herzensgebet
Gesammelt und übersetzt
von Matthias Dietz
Mit einer Einleitung von Igor Smolitsch
223 Seiten. Gebunden
ISBN 978-3-491-71307-9

Da gedachte ich der Perle
Thomasevangelium und Perlenlied
Eingeleitet und herausgegeben
von Otto Betz und Tim Schramm
133 Seiten. Gebunden
ISBN 978-3-491-71306-2

Große Mystiker.
Bedeutende spirituelle Werke.

Patmos